INHALT

CLEVER!
Sparfüchse aufgepasst! Mit diesen Tipps und Tricks können Sie zusätzlich Geld sparen oder etwas Besonderes erleben

LUXUS LOW BUDGET
Edles echt günstig! Ob Hotel-Suite, Gourmet-Lunch oder Designer-Outfit. Gehen Sie mit uns auf Schnäppchenjagd

W0197900

SCHLAFEN ...		82
MIT KINDERN		98
CITYATLAS MIT STRASSENREGISTER		104
REGISTER...		136
IMPRESSUM...		139
LOW BUDGET WEEKEND...............................		140
LUXUS LOW BUDGET WEEKEND		142
ÖPNV-PLAN		144

TOP 10

> **Dieser Band gibt jede Menge Tipps zum Sparen. Einige liegen unserer Autorin besonders am Herzen und sind daher als Insider-Tipp markiert – die zehn besten finden Sie hier**

 **ANTIC TEATRE** [109 E2]

Kreativ, unabhängig und kosmopolitisch: In diesem kleinen, historischen Theater genießt man –  oft gratis, sonst günstig – Barcelonas Off-Kultur auf der Bühne oder auch im stimmungsvollen Hofcafé mit Künstlerambiente. Auch Ausstellungen und Konzerte begeistern hier das alternative Publikum *(S. 20)*

 **GLOCKENSPIEL IM PALAU DE LA GENERALITAT** [108 B2]

Eigentlich ist der Orangenhof im gotischen Palau de la Generalitat nur dem katalanischen Präsidenten zugänglich. Doch wenn einmal im Monat das Glockenspiel des Regierungspalais' ertönt, dürfen auch Normalsterbliche ins Zentrum der Macht – kostenlos! *(S. 25)*

CAIXAFORUM [123 D1]

Beuys in der Jugendstilfabrik: Neben einer der bedeutendsten Sammlungen zeitgenössischer Kunst in Europa erwarten Sie im modernistischen Prachtbau hochkarätige Wechselausstellungen und facettenreiche Veranstaltungen *(S. 21)*

SWINGTANZEN OPEN AIR  [120 C4]

Die Melodien beflügeln, und der Rhythmus geht ins Blut. Lassen Sie sich von Barcelonas Swing-Gemeinde Charleston, Lindy Hop und andere Tänze der Roaring Twenties zeigen! Draußen und umsonst! *(S. 35)*

EDITORIAL

> ## Liebe Leserin, lieber Leser,

mit diesem Low-Budget-Führer können Sie Ihren Barcelona-Besuch so richtig genießen – jede Menge Spaß haben und gleichzeitig sparen, mit kleinem Geldbeutel großartige Dinge erleben, Schnäppchen machen und tolle Erfahrungen mit nach Hause nehmen. Die Mittelmeermetropole bietet preisbewussten Reisenden endlose Möglichkeiten, ohne großes Budget viel zu unternehmen. Freuen Sie sich auf kulinarische Genüsse, denn die katalanische Küche zählt zu den besten Spaniens – bei uns erfahren Sie, wo man besonders lecker und zugleich preiswert schlemmen kann. Wir verraten, wie Sie in angesagten Clubs, Discos oder bei Livekonzerten feiern, ohne dabei arm zu werden. So werden Ihre mediterranen Nächte unvergesslich, aber nicht unbezahlbar. Es gibt tolle Infos, wie Sie in der teuren Trendstadt beim Shoppen Ihr Budget schonen, und Adressen, wo Sie gut und günstig zu Bett gehen. Das gesparte Geld können Sie dann ja anderweitig ausgeben – vielleicht für Ihren nächsten Barcelona-Besuch?

Viel Spaß beim Entdecken!
wünscht Ihnen Ihr MARCO POLO Team

UNSERE AUTORIN

JULIA MACHER entschied sich für Barcelona, als sie 2004 das Wort *ramblear* hörte. Ein eigenes Verb für das Flanieren auf einer Straße – großartig! Als Journalistin weiß sie: Beim Spazierengehen fallen einem die besten Ideen ein – und jede Menge Interessantes auf. Einiges steht in diesem Reiseführer, anderes in ihren Reportagen und Berichten. Kontakt: macher@weltreporter.net.

SYMBOLE:

 MARCO POLO INSIDER-TIPPS
Von unserer Autorin Julia Macher für Sie entdeckt

 KOSTENLOS
Hier zahlen Sie keinen Cent!

TOP 10   **DIE BESTEN LOW BUDGET INSIDER-TIPPS**............ **4**

START IN DIE STADT.. **6**

TOP 10   **DIE BESTEN SEHENSWÜRDIGKEITEN** **12**

KULTUR & EVENTS **14**

MEHR ERLEBEN **26**

ESSEN & TRINKEN... **36**

SHOPPEN **54**

NACHTLEBEN **68**

DIE BESTEN LOW BUDGET
INSIDER TIPPS

Insider Tipp **BAR LA PLATA** [109 D4]

Nicht nur die Resopaltische erinnern an vergangene Zeiten, selbst die Preise scheinen stehen geblieben zu sein in dieser typischen Altstadtkneipe. Die gute Stimmung gibt's gratis dazu *(S. 37)*

Insider Tipp **JAZZ SÍ CLUB** [108 A1]

Ob Jazz, Rock oder Flamenco – das tägliche Liveprogramm des kleinen, bei Musikfreaks angesagten Szeneclubs ist zuverlässig gut, die Drinks sind günstig, und der Eintritt ist stets fair bemessen *(S. 75)*

Insider Tipp **COMIDA DE OLLA** [113 F5]

Herzliche Gastgeber, raffiniertes Essen aus marktfrischen Zutaten und das zu unschlagbar günstigen Preisen. Ein Mittagsmenü bei Pedro und Maria ist auf jeden Fall einen Abstecher wert! *(S. 43)*

Insider Tipp **GARDEN HOUSE** [114 C1]

Nach dem Sightseeing heißt es Chillen im Grünen: Sie wohnen preisgünstig in einer Villa mit Garten und sind doch schnell im Zentrum – was will man mehr? *(S. 89)*

Insider Tipp **BILDCHENTAUSCH** [123 F1]

Verrückt nach Sammelbildchen? Auf dem Tauschmarkt in Sant Antoni finden Sie, was Ihnen fehlt! Und machen nebenbei noch die ein oder andere interessante Urlaubsbekanntschaft *(S. 58)*

Insider Tipp **BOSC DE LES FADES CAFÉ** [108 C5]

Ein Zauberwald voller uriger Bäume, seltsamer Kreaturen und magischer Momente. Und mittendrin ein verwunschenes Café, in dem man entspannen kann, während die Kleinen große Augen machen. Oder man lässt sich auch verzaubern! *(S. 99)*

> Viele Wege führen preiswert nach Barcelona, und man kommt gut und günstig quer durch die Metropole

Was für eine Stadt! Barcelona ist die absolute Trendcity Spaniens, gilt als Lieblingsziel für junge sowie junggebliebene Weltenbummler, und das absolut zu Recht. Die Mittelmeermetropole steckt voller Sehenswürdigkeiten, dekorativer Details und verwunschener Winkel, die Sie zu Fuß und mit öffentlichen Verkehrsmitteln gut und günstig entdecken können. Auch das Lebensgefühl und der Alltag vor Ort sind am besten zu erkunden, wenn man sich durch die schmalen Altstadtgassen und über die vielen kleinen Plätze treiben lässt und – wie die Einheimischen – immer wieder in einer der urigen Bars oder in einem Terrassencafé Halt macht. Außerdem hat Barcelona einen stimmungsvollen Hafen, an dem Sie gelassen entlangbummeln können – und anschließend geht es weiter an den Stadtstrand, dessen Besuch natürlich kostenfrei ist. Übrigens: Ein eigenes Auto ist eher hinderlich, es gibt im Bereich der City Staus ohne Ende und wenig Parkraum. Wir geben Ihnen die besten Tipps, wie Sie günstig nach Barcelona reisen, aktuelle Informationen erhalten, preiswert in der Stadt herumkommen und möglichst authentische Eindrücke mitnehmen, ohne allzu viel dabei auszugeben.

START IN DIE STADT

MIT DEM FLUGZEUG

Fast alle großen Airlines bieten Charter- und Linienflüge nach Barcelona an. Billigflieger wie Ryanair, Eurowings und Norwegian landen und starten meist am alten Terminal T2, Easyjet hat dort einen separaten Bereich (T2C). Preissuchmaschinen wie *www.swoodoo.com* oder *www. jetcost.de* picken Ihnen die besten Angebote heraus. Wer noch ein paar Strandtage an der Costa Brava verbringen will und anderthalb Stunden Busfahrt nicht scheut, kann mit Ryanair nach Girona fliegen. Dorthin sind die Flüge oft günstiger.

Zwischen den beiden Terminals T1/T2 und der Plaça Catalunya im Stadtzentrum pendelt im 5-Minuten-Takt der blaue Aerobus. Die Fahrt dauert 30–40 Minuten und kostet 5,90 (einfache Fahrt) bzw. 10,20 Euro (hin und zurück). Tickets erhalten Sie am Automaten, beim Fahrer oder online unter *www.aerobusbcn.com*. Bei der Fahrt zum Flughafen auf die korrekte Fahrtzielangabe (A 1 oder A 2) achten, damit Sie nicht am falschen Terminal landen! Der Billigflieger-Terminal T2 ist auch über die Regionalbahn an die Innenstadtbahnhöfe Sants und Passeig de Gràcia angeschlossen. Die R2N verkehrt alle halbe Stunde, eine Fahrt kostet 4,20 Euro. Alternativ kommen Sie mit der Metro in die Stadt. Die L 9 Sud hält sowohl am Terminal T 1 (im Flughafengebäude) wie auch am Terminal T2 (außerhalb des Gebäudes) und bringt Sie u. a. zum Messegelände

Europa/Fira oder der Zona Universitaria. Achtung: Die günstige Zehnerkarte T 10 der TMB gilt hier nicht! Sie brauchen ein Extraticket für 4,60 Euro (erhältlich an Fahrkartenautomaten).

PER BAHN

Über das Hochgeschwindigkeitsnetz AVE ist Barcelona gut und günstig ans Nachbarland Frankreich angebunden (Lyon, Paris, Marseille, Toulouse, ab 39 Euro, *www.renfe.com*). Auch von Zürich gibt es Direktverbindungen. Von Deutschland und Österreich sind Sie mit Umsteigen bis zu 24 Stunden unterwegs. Sparpreise finden Sie auf *www.bahn.de.*

MIT DEM AUTO

Am günstigsten kommen Sie per Mitfahrgelegenheit nach Barcelona. Schauen Sie mal unter *www.barcelonafuerdeutsche.com, www.mitfahrgelegenheit.de* und *www.mitfahrzentrale.de.* Wer mit dem Auto anreisen will, sollte an die Mautgebühren in Frankreich und Spanien denken (über 100 Euro). Und wie in allen Metropolen sind auch in Barcelona Parkplätze knapp und teuer. Falsch parken belastet das Reisebudget, und Staus können die Urlaubslaune empfindlich trüben.

PER BUS

Linienbusverbindungen sind nicht wesentlich preiswerter als Billigflüge, so kostet die einfache Fahrt von Frankfurt bei Flixbus ab 70 Euro. Es gibt jedoch einen Frühbuchertarif sowie vereinzelte Promotarife, und Studenten, Kinder, Jugendliche, Rentner oder Gruppen erhalten Rabatt – am besten online checken: *www.checkmybus.de, www.busliniensuche.de*

IN BARCELONA UNTERWEGS ■

BUS, METRO UND VORORTBAHN

Das öffentliche Verkehrsnetz ist gut ausgebaut und übersichtlich. Sie kommen schnell und relativ günstig ans Ziel. Die Metro fährt von Montag bis Donnerstag sowie sonntags und an Feiertagen von 5 bis 24 Uhr, freitags bis 2 Uhr, samstags rund um die Uhr. Eine Einzelfahrt kostet 2,20, die übertragbare Zehnerkarte (T 10) 10,20 Euro. Wenn Sie viel herumfahren wollen, sparen Sie viel Geld mit Tageskarten: Die am Schalter und an Automaten erhältliche Touristenkarte Hola Barcelona kostet für 2 Tage 15, für 3 Tage 22 und für 4 Tage 28,50 Euro. Zehner- und Tageskarten gelten für eine Zone, Sie können sich damit per Metro, Bus, Nachtbus (Nitbus)

Bild: Die Casa Museo Gaudí im bezaubernden Park Güell

und Vorortbahn (FGC) nahezu durch die gesamte Innenstadt (Zone A) bewegen. Fahrkarten gibt es in Metro- und Bahnstationen, im Bus können nur Einzeltickets gelöst werden. Metro- und Buspläne: unter *www.tmb.cat* oder in der Metrostation Universitat *(Tel. 902 07 50 27 | Metro: L 1, L 2)*.

SEILBAHNEN

Wer bequem, aber günstiger als mit dem Taxi auf Barcelonas Hausberg Montjuïc gelangen möchte, nimmt die Standseilbahn *(funicular)* von der Metrostation Paral.lel zum Parc de Montjuïc *(integriert in den Tarif von Metro, Bus und FGC)*. Von dort gibt es eine Luftseilbahn zur Festung Montjuïc *(tgl. meist 10–18, Juni–Sept. bis 21 Uhr | einfache Fahrt 8,40, hin und rück 12,70 Euro | www.telefericemont juic.cat* [123 D–E3–4]*)*. Eine weitere Kabinenseilbahn verkehrt zwischen der Mole am Alten Hafen und dem Montjuïc: ein – leider nicht billiges – Erlebnis mit toller Aussicht auf Schiffe und Meer *(tgl. 11–17.30, Juni–Aug. bis 20 Uhr | einfache Fahrt 11, hin und rück 16,50 Euro | www.telefericodebarce lona.com* [123 F1–124 B5]*)*.

TAXI

Am günstigsten ist es, einen Wagen per Handzeichen anzuhalten (grünes Licht: frei), eine telefonische Bestellung *(z. B. Tel. 933 033 033)* kann bis zu 4,50 Euro Mehrkosten verursachen *(Tarif 1: Mo–Fr 8–20 Uhr 1,13 Euro/ km; Tarif 2: Mo–Fr 20–8 sowie Sa, So 6–20 Uhr 1,34 Euro/km; Tarif 3: Sa, So 0–6 und 20–24 Uhr 1,40 Euro/ km)*. Hinzu kommen eine Grundgebühr von 2,15 Euro sowie eventuelle Zuschläge: ab Flughafen 3,10, ab Bahnhof Sants 2,10, pro Koffer

CLEVER!

> Barcelona Card

Mit der Barcelona Card fährt man kostenlos mit Metro, Bus, Vorortbahn FGC, Straßenbahn sowie mit der Bahn oder der Metro zum Flughafen. Dazu kommen freie Eintritte in über 20 Museen sowie Ermäßigungen (bis zu 50 Prozent) für weitere Kultureinrichtungen, Geschäfte, Restaurants, Bars und Touren. *3 Tage 45 (Kinder 4–12 J. 21), 4 Tage 55 (27), 5 Tage 60 (32) Euro | erhältlich an den Flughafenterminals und beim Fremdenverkehrsamt (S. 11) | bei Online-Kauf unter www.barcelonacard. org/de 10 Prozent Rabatt*

1 Euro (außer Handgepäckgröße). In Taxis können Sie mit Karte zahlen.

WOHIN ZUERST?

Für Barcelona-Neulinge führt kein Weg vorbei an der berühmten Flaniermeile La Rambla mit ihren Zeitungs-, Blumen- und Souvenirständen, von überall leicht zu erreichen (*Metro: L 1, L 3 Catalunya, L 1 Liceu, Drassanes* [124 E1–3]). Auf wenig mehr als 1 km erleben Sie Geschichte und Gegenwart der Metropole, kommen vorbei an der schönsten Markthalle der Stadt, dem Boquería-Markt, sowie am legendären Opernhaus Gran Teatre del Liceu. Zwischendurch sollten Sie immer mal kleine Abstecher in die Seitengassen nach rechts oder links machen, etwa zum Antic Hospital de la Santa Creu (*Carme, 47*) mit romantischem Innenhof, oder trinken Sie einen Kaffee auf der Plaça Reial. Achtung: Die Restaurants an der Rambla sind bekannt für ihre Touristenpreise und -qualität, am besten nur flanierend schauen und später in einem unserer empfohlenen Lokale (ab S. 36) stärken! Der erste Spaziergang endet an der Rambla del Mar – mit einem tollen Panoramablick über einen der schönsten Häfen Spaniens!

INFORMATIONEN

Im städtischen Fremdenverkehrsamt erhalten Sie zuverlässige Informationen, nützliche Tipps und 🐷 kostenlose Stadtpläne (*tgl. 8–20 Uhr | unter der Plaça Catalunya, Eingang gegenüber dem Kaufhaus Corte Inglés | Tel. 932 85 38 34 | www.barce lonaturisme.com | Metro: L 1, L 3 Catalunya | Eixample* [124 E1]). Auf der offiziellen Stadt-Homepage *www.barcelona.cat* finden Sie neben Veranstaltungen auch Wissenswertes zum Leben in Barcelona (auch auf Englisch). Weitere gute Websites sind z. B. *www.barcelona-metropoli tan.com* und *www.barcelona-online. com*.

INTERNET

Die meisten Hotels bieten Gratiszugang ins Netz. Und wenn Sie in der Stadt unterwegs sind, können Sie sich in fast allen öffentlichen Einrichtungen, Parks und Märkten in das nach Registrierung kostenfrei zugängliche Netz Barcelona Wi-Fi einloggen. Achten Sie auf Hinweisschilder mit einem blauen *W*! Einen Überblick über die rund 650 städtischen Hot Spots finden Sie auf *ajuntament. barcelona.cat/barcelonawifi*.

TOP 10

> Das sollten Sie nicht verpassen: Auch wenn der Eintritt nicht immer den Geldbeutel schont – diese Sehenswürdigkeiten gehören zu Barcelona ganz einfach dazu. Schauen Sie selbst!

1 FUNDACIÓ JOAN MIRÓ [123 D3]

Die umfassendste Werkschau des berühmten katalanischen Künstlers ist ein Muss für Kulturfreunde. Sehenswert ist auch das Gebäude des Architekten Lluis Sert. *Eintritt 12 Euro | Nov.–März, Di, Mi, Fr 10–18, April–Okt. bis 20, Do ganzjährig bis 21, Sa 10–20, So 10–15 Uhr | Parc de Montjuïc | www.fmirobcn.org | Metro: L2, L3 Paral.lel, weiter zu Fuß oder per Standseilbahn; oder L1, L3, L8 Espanya, weiter mit Bus Linie 150 | Montjuïc*

2 GOTISCHES VIERTEL [109 D/E2–4]

Eines der besterhaltenen gotischen Baudenkmäler weltweit: Dieses Quartier lockt mit schmalen Gassen, dem Jüdischen Viertel El Call, der Kathedrale samt dem zauberhaften Kreuzgang sowie der Plaça del Rei, dem schönsten architektonischen Ensemble der Altstadt. Über das Historische Museum (MUHBA) steigen Sie hinab in die römischen Ruinen Barcinos, eine der größten archäologischen Ausgrabungen Europas *(S. 103). Metro: L 4 Jaume I, L 3 Liceu oder Drassanes | Barrio Gótico*

3 MONTJUÏC [122/123]

Märchenhafte mediterrane Gärten und Parkanlagen, Museen, Theater und tolle Aussichtspunkte: Barcelonas Hausberg hat viel zu bieten und lohnt einen Besuch. Ihm zu Füßen liegt das Nationalmuseum für Katalanische Kunst, MNAC, mit seinen weltberühmten Fresken. *Eintritt 12 Euro | Di–Sa Mai–Sept. 10–20, sonst bis 18, So 10– 15 Uhr | www.museunacional.cat | Metro: L 1, L 3, L 8 Espanya | Montjuïc*

4 PALAU DE LA MÚSICA CATALANA [109 E2]

Musikpalast in üppigstem Jugendstil: Lluis Domènech i Montaner gestaltete das Juwel des Modernisme mit seiner gewölbten Glaskuppel. *Eintritt 20 Euro |*

Führungen tgl. 10–15.30, Aug. 9–18 Uhr | Sant Pere Més Alt | Tel. 932 95 72 00 | www.palaumusica.cat | Metro: L 1, L 4 Urquinaona | Sant Pere

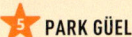 **PARK GÜELL** [113 D/E3]

Der Märchenpark mit Panoramablick, gigantischen Grotten, schräg gegen den Berg gestemmten Arkaden und einer von dorischen Säulen getragenen, fantastisch verzierten Terrasse ist ein Meisterwerk des Architekten Antoni Gaudí. *Eintritt 8,50 Euro | Jan.–März, Nov./Dez. 8.30–18.15, April, Sept., Okt. 8–20.30, Mai–Aug. 8–21.30 Uhr | Carrer d'Olot | Metro: L3 Lesseps oder Vallcarca | Gràcia*

 PASSEIG DE GRÀCIA [118 C1–5]

An Barcelonas Nobelboulevard liegen einige der bedeutendsten Jugendstilbauten: Antoni Gaudís Casa Milà/La Pedrera (Nr. 92) und die Casa Batlló (Nr. 43), beide gehören zum Weltkulturerbe der Unesco), die Casa Amatller (Nr. 41) von Josep Puig i Cadafalch und die Casa Morera (Nr. 35) von Lluís Domènech i Montaner. *Metro: L2, L3, L 4 Passeig de Gràcia | Eixample*

 PICASSO-MUSEUM [109 E3]

Das meistbesuchte Museum der Stadt zeigt in fünf mittelalterlichen Palästen vor allem frühe Werke Picassos *(S. 23)*

 RAMBLA [108 C1–D5]

Auf der berühmten Flaniermeile vermischen sich Pensionäre und Kitschverkäufer, Touristen und Taschendiebe, hastende Angestellte und schwitzende Kellner. Ein Muss sind der Boquería-Markt, das Opernhaus Gran Teatre del Liceu und die Plaça Reial *(S. 11)*

 SAGRADA FAMILIA [119 E3]

Antoni Gaudís unvollendete Kathedrale, Barcelonas Wahrzeichen, wurde erst im Jahr 2010 geweiht. *Eintritt 15 Euro | tgl. Nov.–Feb. 9–18, März, Okt. 9–19, April–Sept. 9–20 Uhr | Plaça de la Sagrada Familia | www.sagradafamilia.cat | Metro: L 2, L 5 Sagrada Familia | Eixample*

 STRAND [107]

Der saubere Strand samt Palmenpromenade und Jachthäfen zieht sich vom Fischerviertel Barceloneta bis zum Forum. *Metro: L 4 Barceloneta, Forum*

> **Günstig ins Museum oder großer Gratisspaß bei einem der vielen Stadtfeste? Hier steht, was wo geht**

Die Katalanen feiern gern und oft – egal ob Mega-Events mit Großfeuerwerk oder Straßenfeste. Um Anlässe sind sie eigentlich nie verlegen, das mag auch am besonderen Charakter und Lebensgefühl der Einheimischen liegen, die bei aller Disziplin auch eine Vorliebe für ausschweifenden Genuss haben. Gleichzeitig ist die Mittelmeermetropole eine absolute Hochburg in Sachen Architektur, Kunst, Design und Musik, ein Lieblingsziel für Kulturtouristen. Das schlägt sich auch auf die Eintrittspreise nieder. Trotzdem – oder gerade deshalb – ist eine sehr lebendige Alternativszene entstanden,

mit autonomen Kulturzentren und Kneipen, Szeneclubs und gut funktionierenden Netzwerken. In fast jedem Stadtviertel gibt es ein *centre cívic*, ein Bürgerzentrum, mit meist breit gefächertem und oft kostenlosem Kulturprogramm *(Infos unter www.bcn.es/centrescivics/es)*. Viele ==Museen nehmen an bestimmten Tagen keinen Eintritt== *(S. 21)*. Achten Sie auch auf Flyer mit alternativen Veranstaltungstipps, die oft in Bars und Kneipen ausliegen. Kurzum: In Barcelona kann man nicht nur viel Geld ausgeben, sondern auch gut sparen – viel Spaß mit dem Kulturleben der Stadt!

Insider Tipp

KULTUR & EVENTS

FESTIVALS & EVENTS

48 HOURS OPEN HOUSE BARCELONA 🐷

Wollten Sie schon immer mal wissen, wie es in der Luxussuite eines hippen Designhotels aussieht? Oder in einer authentischen Jugendstilwohnung? Dann sollten Sie ==im Oktober herkommen, wenn über 200 außergewöhnliche Häuser und Einrichtungen der Stadt für 48 Stunden ihre sonst verschlossenen Türen öffnen.== Experten stehen für fachkundige Führungen zur Verfügung – kostenfrei! *Infos unter www.48hopenhousebarcelona.org*

Insider Tipp

BARCELONA BLUES

Das Bluesfestival im Juli ist seit Jahren ein Highlight unter Barcelonas Low-Budget-Events. Nationale und internationale Musiker treten im Viertel Nou Barris auf, 🐷 fast alle Konzerte sind kostenlos. Eine originelle Idee ist „Picnic de blues", Open-Air-Konzerte im Parc Central des Viertels im Rahmen des Stadtteilfests im Mai – die Erwachsenen können der Musik lauschen, 🐷 während die Kids mit musischen Aktivitäten beschäftigt sind – gratis! *Eintritt 0–4 Euro | www. bluesbcn.com, www.capibolablues. wordpress.com | Nou Barris*

FESTA MAJOR DE GRÀCIA 🐷

Mitte August kann man eine Woche lang kostenlos im Gràcia-Viertel feiern! Für Barcelonas populärste Festa Major werden die Straßen und Plätze von den Nachbarschaftskomitees dekoriert. Konzerte, Tanz, Theater,

Umzüge, Aktivitäten für Kinder, Artisten und Straßenkünstler: Das Leben tobt Tag und Nacht. Bars, Kneipen und viele Nachbarn stellen Tische und Stühle vor die Tür, Wein und Bier fließen in Strömen – Volkskultur pur und viel Spaß sind garantiert! *www.festamajordegracia.cat*

FESTA DE LA MERCÈ

Zu Ehren der Stadtheiligen lässt es Barcelona jeden September so richtig krachen – mit viel Feuerwerk, Open-Air-Bühnen in der ganzen Stadt und einem Programm, in dem wirklich für jeden etwas dabei ist. Die Kinder vergnügen sich mit Clowns und Puppentheater auf dem Montjüic, im Parc de la Ciutadella zeigen Jongleure, Akrobaten und Straßentheater ihr Können und beim Festival für alternative Musikströmungen BAM kommen Fans von Elektro-Sound, Indie und Hip-Hop auf ihre Kosten. Wer es traditioneller mag, staunt über katalanische Menschenburgen oder tobt abends beim *Correfoc* mit feuerspuckenden Pappmaché-Drachen durch die Straße. Und das Beste: Alle Veranstaltungen sind kostenlos. *Verschiedene Veranstaltungsorte | Programm unter www.bcn.es/bam*

FESTIVAL L'HORA DEL JAZZ

Alle Jahre wieder im September – und das bereits seit mehr als 20 Jahren –

CLEVER!

> Gewusst wo im Internet

Im offiziellen Web der Stadt gibt es neben generellen Hinweisen auch eine Sparte für alternative Veranstaltungen und Routen: *www.bcn.cat.* Die englischsprachige Online-Zeitschrift *www.barcelona-metropolitan.com* bringt die wichtigsten aktuellen Tipps des Monats, dazu aufschlussreiche Artikel und Kritiken – empfehlenswert! Barcelonas Off-Kultur für Insider findet man online unter *www.lecool.com/barcelona* – alles cool und meistens günstig. Wer gar nichts zahlen will, stöbert auf Hyperlink *forfree.cat.* Dort gibt's auch Tipps für kostenlose Unternehmungen im Umland. Einfach auf die gewünschte Kategorie oder das bevorzugte Datum klicken.

verwandelt sich einer der schönsten Plätze im Gràcia-Viertel zur Bühne. Wer sonntagmittags auf der Plaça de la Vila seinen Kaffee schlürft, bekommt dazu 🐷 Jazz live vom Feinsten serviert – gratis (*Metro: L3 Fontana | Gràcia* [113 D5]). Abends geht es weiter in verschiedenen Clubs der Stadt, Eintritt gegen Verzehr (3–10 Euro). *Tel. 932 68 47 36 | Programm unter www.amjm.org*

Insider Tipp

FNAC

Der französische Megastore hat in Barcelona mehrere Niederlassungen, die außer Literatur, Musik und Unterhaltungselektronik 🐷 auch interessante Live-Events, Konzerte und Ausstellungen anbieten – kostenlos. Eine große Filiale liegt direkt an der Plaça Catalunya. Die aktuellen Veranstaltungen findet man unter den zentralen Websites *www.clubcultura.com* und *www.fnac.es. FNAC Triangle | Plaça Catalunya, 4 | Tel. 933 44 18 00 | Metro: L1, L3 Catalunya | Eixample* [108 C1]*; FNAC L'Illa | Avinguda Diagonal, 557 | Tel. 934 44 59 00 | Metro: L3 María Cristina | Les Corts* [111 E5]*; FNAC Diagonal Mar | Diagonal, 3 | Tel. 935 02 99 00 | Metro: L1 Glòries | Diagonal Mar* [127 E3]

KULTURFESTIVAL IM RAVAL 🐷

Indisches Curry oder zuckersüßes Bakhlava? Afrikanischem Hip-Hop lauschen oder bei der brasilianischen Samba-Session den Hüftschwung testen? Das dreitägige Festival im November zeigt, wieviel Spaß Multikulti machen kann. Lernen können Sie dabei auch etwas: Anwohnervereine organisieren thematische Touren durch Barcelonas buntes Einwandererviertel. Die sind zwar meistens auf katalanisch, aber wo so viele Menschen aus unterschiedlichen Nationen zusammenkommen, sollte sich leicht ein freiwilliger Übersetzer finden lassen. Alle Veranstaltungen und Darbietungen sind kostenlos. *Verschiedene Veranstaltungsorte und Plätze im Raval | Tel. 934 42 68 68 | Programm unter www.totraval.org oder www.facebook.com/tot.raval*

POBLE NOU OPEN DAY/NIGHT
[126/127 B–D 2/3]

Künstler lieben leere Fabrikhallen – kein Wunder also, dass sich das ehemalige Arbeiterviertel Poble Nou zu *dem* Kreativbezirk der Stadt mausert. Wo einst Webmaschinen ratterten, experimentieren heute De-

signer mit 3-D-Drucker und Co. Independent-Label nutzen leere Maschinensäle als Probenraum, und Street-Art-Künstler verwandeln Mauern in Freiluftgalerien. 🐷 Jedes Jahr im Frühsommer und Spätherbst öffnen Ateliers, Galerien und Underground-Klitschen ihre Türen – und laden zum Mitmachen und Entdecken ein. Natürlich umsonst! *Verschiedene Veranstaltungsorte, www.poblenourbandistrict.com*

KINO

CINEMES MÉLIÈS [118 A4]

Für alle, die von Filmklassikern und Autorenkino in Originalversion nie genug bekommen können, ist dieses kleine und preisgünstige Programmkino genau das Richtige. Wer vorher oder nachher eine Stärkung braucht: Direkt gegenüber gibt's bei La Bella Napoli leckere Pizzen, zu sehr vernünftigen Preisen. *Eintritt Mo 4, So/ Fei 7, sonst 6 Euro | Villaroel, 102 |*

Eine erstklassige Adresse für Film-Aficionados: Cinemes Méliès

Tel. 934 51 00 51 | www.cinesmelies.net | Metro: L 1 Urgell oder L 5 Hospital Clinic | Eixample

FILMOTECA DE CATALUNYA [108 B3]

Die Filmothek Kataloniens ist eine Fundgrube für alle, die gutes Kino lieben. Klassiker, brandneue Festivalfilme, filmische Raritäten – kurzum: die Kunst der bewegten Bilder, von offiziell bis off, die ganze cineastische Palette wird hier geboten (Originale mit engl. oder dt. Untertitel). Und das zu günstigen Tarifen! *Eintritt 4, für Studenten und Rentner 3 Euro | Plaça de Salvador Seguí, 1–9 | Tel. 935 67 10 70 | www.filmoteca.cat | Metro: L 3 Liceu oder L 2 Paral.lel | Raval*

XCENTRIC [108 B1]

Experimentelles Programmkino, Dokumentarstreifen, Kult und Underground – Filme, die man sonst kaum zu sehen bekommt, gibt's hier (Originale mit engl. oder dt. Untertitel). Xcentric, exzentrisch eben, ist ein Dorado für Filmfreaks. Außerdem steht ein Archiv mit über 700 Werken zur Verfügung, dazu Bildschirme und bequeme Stühle: Jeder kann sich so seine  private Filmschau organisieren – gratis! *Eintritt 4, Studenten 3, Fünferticket 15 Euro | aktuelles Programm unter www.cccb.org | Filmarchiv Di, Mi und Fr 11–20, Do 11–22 Uhr | Centre de Cultura Contemporània CCCB | Montalegre, 5 | Metro: L 1, L 2 Universitat | Raval*

CLEVER!

> Last Minute

Ein Konzertbesuch oder eine Theatervorstellung in den großen Häusern Barcelonas kann ein dickes Loch ins Reisebudget reißen. Es sei denn, man kennt das „Ticket Rambles": An der Kasse des Palau Virreina werden täglich Karten zum halben Preis für Veranstaltungen am selben Abend verkauft (barcelonacultura.bcn.cat, einfach „Last Minute" anklicken). Der Verkauf beginnt drei Stunden vor Vorstellungsbeginn. Achtung: Die Kasse schließt pünktlich, und Sie brauchen Bargeld, Kreditkarten werden nicht angenommen. *Tgl. 10–20.30 Uhr | Palau Virreina | Rambla, 99 | Tel. 933 16 11 11 | Metro: L3 Liceu | Raval* [124 B2]

KULTURZENTREN

ANTIC TEATRE [109 E2]

Dieses kleine, unabhängige Theater in historischen Mauern, wenige Meter vom Palau de Música entfernt, hat's in sich. Innovativ, experimentell, sozial engagiert gegen den Mainstream und etablierte Avantgarde schwimmend: Das Angebot ist multidisziplinär und reicht von Off-Theater und Tanz über Performances bis hin zu Filmen und Ausstellungen. Zum Theater gehört ein Hofcafé mit Bohèmeflair und Holztischen unter alten Bäumen, eine alternative Oase nur Schritte vom Touristenrummel entfernt.  Wer Mitglied wird, bekommt bei jedem Besuch ein Gratisbier. *Eintritt oft frei, sonst im Vorverkauf 10 Euro | Verdaguer i Callis, 12 | Tel. 933 15 23 54 | www.anticteatre.com | Metro: L 2, L 4 Urquinaona | Sant Pere*

ATENEU POPULAR DE NOU BARRIS [0]

Das Volksathenäum im Viertel Nou Barris steht in der Tradition der Kulturvereine der Spanischen Republik in den 1930er-Jahren – Volkskultur zu populären Preisen. Das Programm aber ist auf der Höhe der Zeit, mit unabhängigem Theater (3–6 Euro), Konzerten (4–8 Euro), Tanz (6–12 Euro) und zeitgenössischem Zirkus (6 Euro) mit sehenswerten Eigenproduktionen. Filmvorstellungen gibt's außerdem umsonst. *Eintritt ab 3 Euro | Portlligat, 11–15 | Tel. 933 50 94 75 | www.ateneu9b.net | Metro: L 3 Trinitat Nova | Nou Barris*

CENTRE DE CULTURA CONTEMPORÀNIA DE BARCELONA (CCCB) [108 B1]

Das Zentrum für Zeitgenössische Kultur ist eine städtische Kultureinrichtung à la Centre Georges Pompidou in Paris. Als thematische Achse, um die Ausstellungen und Events kreisen, fungiert die Stadt in all ihren zeitgenössischen Facetten. Offizielle Mega-Ausstellungen gehören ebenso zum Programm wie Barcelonas Off-Kultur und einige der besten unabhängigen Festivals. *Eintritt frei an jedem So 15–20 Uhr, sonst 6, unter 25 J. 4 Euro; Events und Festivals oft umsonst oder sehr günstig (3–8 Euro) | Di–So 11–20 Uhr | Montalegre, 5 | Tel. 933 06 41 00 | www.cccb.org | Metro: L 1, L 2 Universitat | Raval*

HANGAR [126 C1]

Sie wollen wissen, wie man eine Laserharfe zum Klingen bringt? Oder miterleben, wie ein Projekt zur Virtuellen Realität aus der Taufe gehoben wird? 🐷 Dann sollten Sie donnerstags in der Kunsthalle Hangar vorbeischauen, wenn sich die hier residierenden Künstler über die Schulter schauen lassen und Kollegen und Interessierte beraten, die an ähnlichen Projekten arbeiten – kostenlos! Gratis dazu gibt's ein Stück Industriegeschichte: Das Kunstzentrum befindet sich auf dem Gelände der ehemaligen Textilfabrik Can Ricart. *Open Thursday ab 18/19 Uhr, Büro und Info: Mo–Fr 10–14, 16–19.30 Uhr | wech-selnde Öffnungszeiten | Emilia Coranty, 16 | Tel. 933 08 40 41 | www. hangar.org | Metro: L 1 Glòries oder L 4 Llacuna | Poble Nou*

MUSEEN & AUSSTELLUNGEN

CAIXAFORUM

[123 D1] **Insider Tipp**

Hochkarätige Kulturerlebnisse müssen nicht zwangsläufig teuer sein. Über 800 Werke, u. a. von Joseph Beuys oder Julian Schnabel, hat die Stiftung der katalanischen Sparkasse La Caixa im spektakulär restaurierten Fabrikgebäude Cararamona unterge-

---

CLEVER!

> **Günstig oder gratis ins Museum**

Immer wieder sonntags ist Museumstag! 🐷 Viele Museen oder Ausstellungen sind am ersten oder letzten Sonntag des Monats oder samstag- bzw. sonntagnachmittags *(www.bcn.cat/museus)* kostenlos zu besichtigen. Zu den wichtigsten gehören das Picasso-Museum *(S. 23)*, das Historische Museum mit den Resten der römischen Vergangenheit Barcelonas *(S. 103)*, das Naturwissenschaftliche Museum NAT *(Museu Blau, S. 103)*, das Zentrum für Zeitgenössische Kultur *(Centre de Cultura Contemporània, S. 20)*, sowie das Nationalmuseum für Katalanische Kunst *(MNAC, S. 12)*. Wer möglichst viel Kunst für wenig Geld auch an anderen Tagen sehen will, kauft am besten das „Art Ticket": sieben Museen für 30, online 28,50 Euro, darunter die Stiftung Joan Miró *(S. 12)*, das Picasso-Museum *(S. 23)*, das MNAC *(S. 12)* und das Museum für Zeitgenössische Kunst MACBA. Mehr Informationen unter *www.articketbcn.org*.

bracht, einem prächtigen Jugendstilbau des Architekten Puig i Cadafalch. Ständig finden hier interessante Wechselausstellungen und vielfältige Events statt. *Eintritt 4 Euro | Mo–Fr 10–20, Sa, So bis 21 Uhr, Juli, Aug. Mi bis 23 Uhr | Av. Marquès de Comillas, 6–8 | Tel. 934 76 86 00 | www. fundacio.lacaixa.es | Metro: L 1, L 3, L 8 Espanya | Sants-Montjuïc*

COLLECCIÓ DE CARROSSES FÙNEBRES [122 B4]

Selbst auf ihrem letzten Weg ließ sich Barcelonas wohlhabende Bourgeoisie im 19. und beginnenden 20. Jh. nicht lumpen: Die prächtigen Karossen und Kutschen, mit denen die High Society einst zur letzten Ruhestätte transportiert wurde, sind hier ausgestellt. Nicht erschrecken, wenn plötzlich eine livrierte Gestalt neben Ihnen steht – die lebensgroßen Nachbildungen sind Teil der historischen Szenerie. *Eintritt frei | Mi–So 10–14 Uhr | Carrer de la Mare de Déu de Port, 56–58 | Tel. 934 84 19 25 | www.cbsa. cat | Metro: L 2, L 3 Paral.lel, weiter mit Bus 21 Pg. Cementeri del Sud-Oest | Sants-Montjuïc*

CLEVER!

> Große Kunst – ganz kostenlos

Für große Kunst brauchen Sie nicht ins Museum. Barcelonas Jahrhundertkünstler haben sich alle im Stadtbild verewigt. Somit kostet Sie die Besichtigung dieser Werke keinen Cent. Sie wollen einen Picasso sehen? Dann spazieren Sie doch zur Architektenkammer (Plaça Nova, 5 [124 C2]) und werfen einen Blick auf den Fassadenfries. Die in Beton gekratzten Bilder zeigen Sardana-Tänze und traditionelle katalanische Volkskultur. Antoni Tàpies' gigantische Drahtwolke auf dem Dach der ihm gewidmeten Stiftung (Carrer d'Aragó 255, [118 C4]) lässt sich auch von der Straße aus bewundern. Und wenn Ihnen der Sinn nach Miró steht, sollten Sie dem knallbunten Bodenmosaik mitten auf den Ramblas (Pla de la Boqueria [108 C3]) und der Skulptur »Dona i Ocell« im Parc Joan Miró [117 D4] einen Besuch abstatten. Nachschlag gibt's beim Abflug: An der Fassade des alten Terminalgebäudes T2 wartet ein weiterer Miró.

Insider Tipp

LA VIRREINA 🐷 [124 C3]

Dieses Gebäude ist ein Stein gewordener Liebesbeweis. Manuel Amat i Junyent, Vizekönig von Peru, hat den Palast 1772 eigenhändig für seine fast 50 Jahre jüngere Frau entworfen. Heute gehört es zu den wenigen erhaltenen Rokoko- bzw. Barockbauten der Stadt. Drinnen dreht sich alles ums Thema Bild – mit thematischen Ausstellungen über Fotografie, Plakatkunst, Ikonen. Die Schauen des städtischen Zentrums haben oft Lokalbezug, sind immer sehr durchdacht – und kostenlos. *Eintritt frei | Di–So 12–20 Uhr | La Rambla, 99 | Tel. 933 16 10 00 | ajuntament.barcelona.cat/la virreina/es | Metro: L3 Liceu | Raval*

PALAU BARÓ DE QUADRAS 🐷 [118 C2]

In dem von Jugendstilarchitekt Puig i Cadafalch gestalteten Stadtpalais, einem Juwel modernistischer Baukunst, ist heute das katalanische Kulturinstitut Ramón Llull untergebracht. Deshalb sind auch nur die üppig verzierte Eingangshalle und der säulenbestandene Treppenaufgang öffentlich zugänglich – dafür gratis und ohne lästige Warteschlangen. Schauen Sie vorbei: So lebten Barcelonas betuchte Bürger Anfang des 20. Jhs.! *Eintritt*

frei | Mo–Do 8–20, Fr 8–19 Uhr | Diagonal, 373 | Tel. 670 46 62 60 | kostenpflichtige Führungen durch die Wohnräume über www.casessingulars.com | Metro: Eixample | Eixample

PALAU ROBERT 🐷 [118 C3]

Die meisten Besucher steuern das herrschaftliche Eckhaus am Passeig de Gràcia wegen des katalanischen Tourismusbüros im Erdgeschoss an. Dabei werden in dem Palais regelmäßig sehenswerte Ausstellungen zur Stadtgeschichte oder von lokalen Künstlern gezeigt – kostenlos! Im Garten im Hinterhof kann man vor oder nach dem Besuch herrlich vom Großstadttrubel entspannen. *Eintritt frei | Mo–Sa 9–20, So 9–14 Uhr | Passeig de Gràcia, 107 | Tel. 932 38 80 91 | http://palaurobert.gencat. cat | Metro: L3, L5 Diagonal | Eixample*

PICASSO-MUSEUM [109 E3]

Günstig ist das Picasso-Museum nicht, aber ein Besuch gehört unbedingt zu einem Barcelona-Trip. Schließlich kann sich höchstens das entsprechende Museum in Paris mit dieser Sammlung messen. Zum Glück gibt es den Donnerstagabend und den

Museumssonntag. An diesen Tagen ist der Eintritt frei. In den fünf gotischen Palästen werden vor allem Werke aus der frühen Schaffensphase des Meisters gezeigt. Von 1895 bis 1904 lebte der aus Málaga stammende Künstler in Barcelona und fand hier erste Anerkennung. Auch deswegen hat Pablo Picasso die Stadt so geliebt und ihr wichtige Werke vermacht, etwa den „Harlekin" oder die „Menina"-Serie. Unbedingt online reservieren! *Eintritt Wechselausstellung 6,50, ständige Sammlung 11, Kombiticket 14 Euro,* *1. So im Monat 9–19 und jeden Do 18–21.30 freier Eintritt | Di–So 9–19, Do bis 21.30 Uhr | Montcada, 15 | www.museupicasso.bcn.cat | Metro: L 4 Jaume I | La Ribera*

MUSIK

DIJOUS CONCERT 🐷 [119 D4]

Jeden Donnerstag (außer im Sommer) geben Studenten des Städtischen Konservatoriums Kostproben ihres Könnens: kostenfrei. Sie sollten sich eine Stunde vor Konzertbeginn an der Kasse ihre Eintrittskarte si-

Einmal im Monat erklingt im Glockenturm des Palau de la Generalitat das Glockenspiel

chern, vorbestellen kann man nicht. Das aktuelle Programm finden Sie auf der Website. *Eintritt frei | Okt.– Juni Do 20 Uhr | Conservatori Municipal de Música | Bruc, 110–112 | Tel. 934 58 43 02 | www.cmmb.cat | Metro: L 4 Girona | Eixample*

ESCOLA SUPERIOR DE MÚSICA   [119 F5]

Von alter Musik bis Jazz, instrumental oder vokal: Studenten der Katalanischen Musikhochschule geben regelmäßig Konzertabende, um ihr Talent auf die Probe zu stellen – meistens gratis! So sammeln die angehenden Profis Erfahrung, und Musikliebhaber sparen Geld. *Wechselnde Zeiten | Carrer de Padilla, 155| Tel. 933 52 30 11 | www.esmuc. cat | Metro: L 1 Glóries; L 2 Monumental | Sant Marti*

GLOCKENSPIEL IM PALAU DE LA GENERALITAT   [124 C2]   Insider Tipp

Um 4898 Kilo Bronze zum Klingen zu bringen, braucht es nicht viel Muskelkraft, sondern ein hölzernes Manual – und viel Talent. Einmal im Monat (außer Aug./Sept.) kann man der offiziellen Glockenspielerin des Palau de la Generalitat bei der Arbeit zusehen und zuhören. Gespielt wird alles – von Tango über Beethoven bis Simon & Garfunkel, und das kostenlos. Rechtzeitig anstellen, der Platz auf dem Orangenhof ist begrenzt! *Gratis | außer Aug./Sept. jeden 1. Sonntag im Monat, 12 Uhr, Einlass ab 11.30 Uhr | Programm unter www.gencat.cat/presidencia/carillo | Plaça de Sant Jaume, 4, Eingang über Carrer Sant Honorat | Metro: L 4 Jaume I | Barrio Gòtico*

CLEVER!

> Musik im Park und Kino am Strand

Wenn die Sommerhitze gegen Abend nachlässt, füllen sich Barcelonas Terrassencafés und Parks. Man trifft sich, trinkt ein kühles Bier – und mit etwas Glück kommt man dabei in den Genuss eines kostenlosen Klassik- oder Jazzkon-

zerts. Zwischen Juni und August gibt es ein interessantes Musikprogramm im Parc de la Ciutadella *(S. 101)* – gratis *(www.barcelona.cat)*! Und nach Sonnenuntergang werden am Strand Filmklassiker gezeigt *(www.cinemalliure.com)*.

> Tolle Spaziergänge, coole Treffpunkte, preiswerte Feste – Sparfüchse haben in Barcelona beste Aussichten

Haben Sie schon einmal eine Nacht auf Rollen erlebt? Oder hätten Sie gedacht, dass Sie in Barcelona Ihre Wanderschuhe gebrauchen können? Es gibt viel zu entdecken in der Mittelmeermetropole, und das muss nicht astronomisch teuer werden. Wie wär's mit Swingtanzen auf einem der schönsten Plätze der Stadt oder Tai-Chi-Übungen im Park – beides kostenlos? Oder folgen Sie einfach der mediterranen Tradition und lassen sich in einer der unzähligen Bars mit Terrasse nieder, um in Ruhe einen Kaffee oder Aperitif zu schlürfen und dem bunten Treiben zuzuschauen – so kommen Sie dem Lebensgefühl der Stadt auf die Spur, ohne sich zu sehr in Unkosten zu stürzen. Nicht zu vergessen das Mittelmeer: Barcelona bietet einen kilometerlangen Strand, der zum Baden (die Wasserqualität wird ständig kontrolliert) genauso einlädt wie zum Spazierengehen, Joggen oder Picknicken – natürlich kostenlos. Gleichfalls gratis ist die frische Brise, die hier oft gegen den Großstadtsmog kämpft. Auch die einmalige Architektur der City – von gotisch über modernistisch bis postmodern – lässt sich günstig oder sogar zum Nulltarif erkunden. Wir verraten Ihnen, wie's geht – damit Sie für Ihr Geld möglichst viel erleben!

MEHR ERLEBEN

ENTSPANNUNG & SPORT
JOGGEN MIT AUSSICHT

Raus aus den Federn und rein in die Jogging-Hose! Mit vier Kilometern Strand und gleich zwei großen Parkanlagen, dem Parc de la Ciutadella [125 D/E2–3] und dem Hausberg Montjüic [123 D/E3–4], ist Barcelona ein Paradies für Jogger. Das Vergnügen kostet Sie nur ein paar Tropfen Schweiß. Wer nicht alleine traben möchte, findet bei den Casual Runners Anschluss *(www.meetup.com,* nach „Casual Runners" suchen). Die internationale Community trifft sich dienstags und donnerstags um 20 Uhr zu 9- bzw. 11-km-Runs, am Strand, im Park oder auf dem Berg. Keine Angst, Sie müssen kein Vollprofi sein! Die Casual Runners freuen sich auch, wenn man nur ein Stück mitläuft. Wer auf der Suche nach Routen mit Sightseeing-Wert ist, findet auf *www.run bcn.com* Inspiration. *Gute Laufstrecken am Hausberg Montjüic, Metro: L 1, L 3, L 8 Espanya | Parc de la Ciutadella, Metro: L 1 Arc de Triomf | Barceloneta, Metro: L 4 Barceloneta*

MIT DEM RAD DURCH DIE CITY

Barcelona mausert sich zur Fahrradstadt – 233 km gut ausgebaute Radwege gibt es bisher! Die rotweißen „Bicing"-Räder sind für Einheimische und nur mit Abo nutzbar. Besucher können sich an einer der unzähligen Verleihe einen fahrbaren Untersatz mieten. Die günstigsten gibt es bei Ben Bike. Das Rad müssen Sie in einer der beiden Filialen zurückgeben.

Ab 1 €/Std., tgl. 9.30–21 Uhr | Carrer Lluis Companys, 21 | Tel. 652 61 35 89 [125 D5]*; Carrer de l'Hospital, 12 | Tel. 652 61 35 89* [108 C3].

NATURSCHUTZPARK
COLLSEROLA [0]

In Barcelona kann man nicht nur Pflastertreten, sondern auch in freier Natur wandern – im Naturschutzpark der Collserola-Bergkette, die die Stadt landeinwärts begrenzt. Ausgedehnte Pinien- und Eichenwälder lassen vergessen, dass man nur einen Sprung von der lärmenden Metropole entfernt ist. Im Informationszentrum gibt es  Karten und Routenvorschläge zum Loswandern, samstags auch thematische Führungen in Spanisch *(10.30 und 12 Uhr)* – alles gratis! *Centre d'Informació del Parc de Collserola | tgl. 9.30–15 Uhr | Carretera de l'Esglèsia | Tel. 932 80 35 52 | www.parccollserola.net | Anreise: mit der Vorortbahn FGC ab Plaça Catalunya bis Baixador de Vallvidrera, vom Bahnhof noch ca. 10 Min. ausgeschilderter Fußmarsch*

Insider Tipp TAI-CHI IM PARK 🐷

Für die Entspannungsphase zwischendurch: Sie lernen die populären Parks der Stadt kennen, kommen in Kontakt mit Einheimischen und tanken neue Energie, als wären Sie in der Sommerfrische! Tai-Chi unter freiem Himmel, ganz nach chinesischer Tradition, gibt's unter fachgerechter Anleitung – und umsonst. Das Programm findet in verschiedenen Vierteln Barcelonas statt, Infos finden Sie unter *www.bcn.cat/trobatb*. Besonders schön und gut zu erreichen ist der Parc de la Ciutadella *(Di 12–13 Uhr | Eingang Passeig Picasso, Treffpunkt zwischen Hivernacle und ehemaligem Geologiemuseum | Metro: L 1 Arc de Triomf | La Ribera* [125 D3]*)*. Oder wie wäre es mit Tai-Chi am Mittelmeerstrand? Treffpunkt ist samstags um 10 Uhr. *(Passeig Marítim, 5, unter den Arkaden | Metro: L 4 Barceloneta | Barceloneta* [125 D5]*)*.

YOGA BINDU [108 C3]

Unter dem Motto „Yoga für jeden" bietet das Yogazentrum Bindu Kurse zum Schnäppchenpreis – 8 Euro für eine frei wählbare Session! Tipp: Auf bequeme Kleidung achten und im Hotel duschen! Denn Dusche und Matte kosten jeweils 1 Euro extra. *Mo–Fr 10–22 Uhr, Kurstermine s.*

Homepage | Escuela Yoga Bindu | Arco de Santa Eulalia, 1 | Tel. 930 01 15 50 | www.yogabindu.info | Metro: L 3 Liceu | Barrio Gótico

MAGISCHE PLÄTZE

FONT MÀGICA [123 D1]

Dieser Art-déco-Brunnen entfaltet seine Magie zu nächtlicher Stunde, wenn er in unzähligen Farben leuchtet und zu Klängen von Tschaikowsky oder Verdi bis zu 50 m hohe Fontänen in den mediterranen Himmel versprüht. Ein Gesamtkunstwerk aus Wasser, Musik, Licht und Bewegung – natürlich gratis. *Mai–Sept. Do–So 21–23.30, Musik und Lichtspiele 21.30–23 Uhr im halbstündlichen Rhythmus | Okt.–April Fr, Sa 19–21 Uhr, 9. Jan.–26. Feb. geschl. | Avinguda María Cristina, an der Plaça Espanya | Metro: L 1, L 3, L 8 Espanya | Sants-Montjuïc*

PARC DEL LABERINT [0]

Verspielte Amorstatuen, Wasserkaskaden, Brücken, Brunnen, kleine Teiche und Marmortempel – der Besuch der neoklassizistischen Gartenanlage kostet Sie kaum mehr als ein kleines Kaltgetränk! Im Zentrum steht ein

CLEVER!

> Tolle Aussichten

Vergessen Sie Helikopterrundflüge, Seilbahnfahrten oder teure Aussichtstürme: Den atemberaubendsten Blick über Barcelona haben Sie vom Turó de la Rovira – und die Fahrt dahin kostet Sie nicht mehr als ein ÖPNV-Ticket. Der ehemalige Luftabwehrstützpunkt auf dem Carmelo-Berg hat sich in den letzten Jahren zum Lieblingsspot des internationalen Easy-Jet-Sets gemausert. Also: Picknickdecke und -korb mitbringen und inmitten der fröhlichen Menge 360-Grad-Blick und Abendsonne genießen *(Bus V 17 Gran Vista/Plaça de la Mitja Lluna, Adresse lautet Carrer Marià Labèrnia)*. Wer's eher ruhiger mag, steigt auf den Montjüic und genießt bei einem guten, mitgebrachten Tropfen den Blick vom Mirador del Migdia *(Passeig del Migdia, Metro: L 1, L 3, L 8 Espanya, dann mit Bus 150, Haltestelle Can Valero – Passeig del Migdia* [113 F3]*)*.

bezauberndes Schlösschen, und ein Labyrinth aus Zypressenhecken verleitet dazu, genüsslich die Orientierung zu verlieren. *Eintritt So und Mi frei, sonst 2,20 Euro | März und Okt. tgl. 10–19, April tgl. 10–20, Mai–Sept. tgl. 10–21, Nov.–Feb. tgl. 10–18 Uhr | Metro: L3 Mundet | Horta*

PARK GÜELL [113 D–E3]

Den bunten Kacheldrachen und die mäandernde Mauerbank mit Drei-Sterne-Blick auf Barcelona kennen Sie von Dutzenden Postkarten. Wenn Sie ein Selfie von sich auf dem berühmten Terrassenplatz brauchen, kommen Sie ums Eintrittsgeld nicht herum. Reicht Ihnen ein bewundernder Blick aus dreißig Metern Luftlinie, sparen Sie sich das Geld! Kostenpflichtig ist nur der Besuch des zum Weltkulturerbe zählenden Monumentalbereichs; der größte Teil des Parks ist frei zugänglich. *Eintritt*

Grüner Irrgarten aus Zypressenhecken: Parc del Laberint

8,50 Euro | tgl. Jan.–März, Nov./Dez. 8.30–18.15 Uhr, April, Sept., Okt. 8–20.30, Mai–Aug. 8–21.30 Uhr. Tickets unbedingt online reservieren und auf Timeslot achten! | Carrer d'Olot | www.parkguell.es | Metro: L3 Lesseps oder Vallcarca | Gràcia

SIGHTSEEING

ALTSTADTBUMMEL [108 B2]

Machen Sie doch mal einen kleinen Architekturrundgang durch die Altstadt! Die Kirche Santa María del Mar, für viele das schönste Gotteshaus in Barcelona, fasziniert durch kunstvolle Schlichtheit: reinste katalanische Gotik mit Glasfenstern, die zum Teil aus dem 15. Jh. stammen (Mo–Sa 9–13 und 17–20.30, So 10–14 und 17–20 Uhr | Plaça de Santa María | Metro: L4 Jaume I | Barrio Gótico). Die große gotische Kathedrale an der Plaça de la Seu sollte man Montag bis Samstag zwischen 8 und 12.30 oder zwischen 17.15 und 19 bzw. Sonntag zwischen 17.15 und 20 Uhr besichtigen, sonst kostet es 7 Euro Eintritt. Das Herzstück des Barrio Gótico ist die Plaça del Rei, ein einzigartiges bauliches Ensemble mit dem Königspalast und dem imposanten Wachturm (Metro: L4 Jaume I |

Barrio Gótico). Sie möchten wissen, warum im Kreuzgang der Kathedrale 13 Gänse schnattern oder was es mit dem seltsamen Mauervorsprung in der Carrer del Call auf sich hat? 🐷 Dann buchen Sie doch eine Gratis-Tour! Mit englisch- oder spanischsprachigen Walking Tours macht inzwischen eine Reihe von Veranstaltern den offiziellen, kostenpflichtigen Stadttouren Konkurrenz. Zu den etabliertesten gehören www.runnerbean tours.com, www.neweuropetours.eu und www.freewalkingtoursbarcelo na.com. Zur Teilnahme einfach im Web anmelden, dann am vereinbarten Treffpunkt (meist Platz vor der Kathedrale, Plaça Catalunya oder Plaça Real) nach dem Guide mit dem Regenschirm Ausschau halten!

BARCELONA MOVIE WALKS 🐷

Barcelona erkunden auf den Spuren von Stars wie Javier Bardem oder Scarlett Johansson – das geht problemlos und ganz umsonst. Eine originelle Initiative in Zusammenarbeit mit dem Fremdenverkehrsbüro macht's möglich: Verschiedene Routen führen zu Schauplätzen bekannter Filme von Woody Allen, Pedro Almodóvar & Co., mit Wegbeschrei-

bungen, Szenenangaben, Filminfos und Anekdoten über die Dreharbeiten in der Mittelmeermetropole. Einfach im Web nachschauen, ausdrucken und nichts wie los! *Gratis | www.barcelonamovie.com*

GAUDÍ FREE WALKING TOUR
[108 C3–4]

War er nun ein Genie oder ein Verrückter? Was haben Gaudí, Star Wars und Lollipops gemeinsam? Unternehmen Sie einen Trip durch das Leben und Werk des berühmten katalanischen Baumeisters – kompetent auf Englisch geführt und kostenfrei! Wenn Sie zufrieden sind, dürfen Sie dem Guide gern ein Trinkgeld geben. *Tgl. 11, April–Mitte Okt. auch 16.30 Uhr, Dauer ca. 2,5 Std. | Treffpunkt: Plaça Reial am Brunnen | www.runnerbeantours.com | Metro: L3 Liceu | Barrio Gótico*

MIT DER APP DURCHS 22@

Jean Nouvels rotblau-funkelnde Torre Agbar erinnert nicht zufällig an eine ins All aufsteigende Rakete: Im High-Tech-Viertel 22@ spielt Barcelona erfolgreich Science Fiction – mit ungewöhnlicher Architektur und spannenden IT-Projekten. Durch so eine Landschaft lässt man sich passenderweise nicht von einem echten Menschen, sondern von einer App führen. In der vom Fremdenverkehrsamt entwickelten App 22@Barcelona *(www.22barcelona.com)* erklärt Architekt Jordi das neu Entstandene – kompetent und kostenlos. *Bester Startpunkt: Metro L 1 Glòries* [120 A5]

ROLLERBLADETOUREN [126 C3] Insider Tipp

Wollen Sie kostengünstig die zugenommenen Kilo vom Tapasnaschen wieder loswerden? Kein Problem: Barcelonas Rollerblader treffen sich regelmäßig, um in kleinen Gruppen gemeinsam durch die Stadt zu cruisen, auf zwölf unterschiedlichen Routen. Infos gibt es auf der Facebook-Seite der Skatervereinigung Patinar BCN. Wer noch nie auf Rollen stand, kann beim Verein Gratisstunden nehmen (jeden Di 21.30–23 Uhr, Treffpunkt Paseo García Farias/Ecke Lope de Vega | Metro L4 Poble Nou | Poble Nou). Auch die Betreiber des Skate Shops Roex im Einkaufszentrum El Centre de la Vila zeigen ihre Künste umsonst und leihen ganz Spontanen sogar die passenden Untersätze. Die meisten Trainer sprechen Englisch *(Einsteigerkurs Mo 18–20, Sa 11–13*

Großer Spaß für Anfänger und Profis: kostenlose Rollerbladetouren

Uhr, auch für Kinder | Carrer Salvador Espriu, 63c | Tel. 610 06 97 93 | Metro: L 4 Ciutadela/Vila Olímpica Poble | Nou [125 E4]). Vorsicht: Das elegante Gleiten über den Asphalt hat Suchtpotenzial. Wer die Rollen gar nicht mehr abnehmen will, kann sie sich bei Rental Scooter gleich nebenan günstig ausleihen. *Rollerblades 5 Euro/Std., 15 Euro/Tag, 50 Euro/Woche | Carrer de Salvador Espriu, 63 | Tel. 640 55 94 68 | Metro: L 4 Ciutadela/Vila Olímpica | Poble Nou* [125 E4]

RUTA DEL MODERNISME

Die vom Fremdenverkehrsamt und dem Zentrum für Modernismus entworfene Route führt zu mehr als 100 Sehenswürdigkeiten des katalani-

schen Jugendstils, von berühmten Werken wie Sagrada Familia oder Casa Milá am Passeig de Gràcia bis hin zu Laternen, Apotheken, Geschäften, Bars und Restaurants. Jeder kann sich seine eigene individuelle Route zusammenbasteln. Der Führer samt Kartenmaterial kostet 12 Euro, aber dafür zahlt man bis zu 50 Prozent weniger Eintritt bei bestimmten Sehenswürdigkeiten. Wer gar nichts ausgeben will, lädt sich die vom Tourismusbüro herausgegebene App Gaudi BCN herunter *(apps.barcelona.turisme.com). Ermäßigung für Begleitpersonen unter 18 Jahren |*

Tel. 933 17 76 52 | www.rutadelmo dernisme.com | Infos auch beim Fremdenverkehrsamt (S. 11)

TOURENTIPPS ONLINE 🐷 [125 D4]

Diese Routenvorschläge erhalten Sie kostenlos online: einfach die nach Stadtvierteln geordneten, meist rund 4 km langen Strecken aus dem Web herunterladen, ausdrucken und loslaufen. Wer gerne joggt, sollte die Route durch das Viertel Sant Martí wählen, sie führt für längere Zeit am Strand entlang. *www.bcn.cat/trobatb/, Stichwort „Caminant fem salut" | Metro: L 4 Barceloneta | Barceloneta*

CLEVER!

> Mit Gutscheinen Bares sparen

Vorsicht! Das Stöbern auf Portalen wie Let's Bonus *(es.letsbonus.com),* Atrapalo *(www.atrapalo.com)* und Groupalia *(es.groupalia.com)* hat Suchtpotenzial. Ein Besuch im Luxusspa für weniger als den halben Preis, ein Fünf-Gänge-Menü mit 30 Prozent Ermäßigung oder eine Cava-Verkostung zum Super-Schnäppchenpreis von 3 Euro! Wer kann dazu schon Nein sagen? Profis registrieren sich (kostenlos) auf allen drei Portalen und vergleichen Preise. Bezahlt wird online, per Kreditkarte. Den ausgedruckten Gutschein zeigen Sie dann einfach am jeweiligen Ort vor. Etwas anders funktioniert die Sparfuchserei bei Urban Check *(www.urbancheck. com):* Dort lädt man sich nach der Registrierung Coupons herunter, für die man dann an der Kasse ein paar Euro Ermäßigung bekommt – etwa im Aquarium, in Abenteuerparks oder Clubs.

ZUM MITMACHEN

KOCHEN IM SZENEVIERTEL RAVAL
[108 A2]

Vom „Never More" können Sie alles erwarten, bloß keine sorgsam geplätteten weißen Servietten. Alfonso de la Mota hat eine Szenebar in einen Underground-Kochclub verwandelt und schnippelt, sautiert und brät jeden Abend vor den Augen einer kleinen Gästeschar, was ihm gerade in den Sinn kommt bzw. was gerade frisch in der Markthalle Boqueria zu haben ist. Das Mobiliar stammt vom Flohmarkt, das Geschirr ist bunt zusammengewürfelt – wie sich das für einen echten Küchenpunk gehört. Der Chef organisiert regelmäßig Kochkurse, bei denen die Gäste mit Hand anlegen dürfen. Nur mit Voranmeldung, Menüs und Kurse inkl. Wein ab 25 Euro. *Tel. 932 22 46 96 | Carrer de la Cera, 17 | www.facebook.com/Never-More-2082198 85905106/ | Metro: L3, Drassanes | El Raval*

SARDANAS 🐷 [109 D3]

Für Katalanen ist die Sardana mehr als eine Bewegung im Rhythmus der Musik, nämlich ein Symbol für ihren Nationalstolz und Widerstandswillen. Übrigens war der Volkstanz unter der Franco-Diktatur lange verboten, vielleicht wirkt er deshalb so getragen und ernst. Die Menschen fassen sich an den Händen und bilden immer größer werdende Kreise, nach dem Motto: Gemeinsam sind wir stark … Wer Lust hat, reiht sich einfach mit ein. *Sa ca. 18, So gegen 12 Uhr mittags | Plaça de la Seu (vor der Kathedrale) | Metro: L4 Jaume I | Barrio Gótico*

SWINGTANZEN OPEN AIR 🐷

Insider Tipp

Swing ist hip in Barcelona: An jedem Wochentag wird irgendwo in der Stadt getanzt, oft auf der Straße, fast immer umsonst. Besonders nett: die Sessions an der Plaça de la Sedeta in Gràcia, jeden zweiten Sonntag im Monat *(12.30–14 Uhr | Metro: L4 Joanic | Gràcia* [119 D1]*)* und die Jams am Pavillon im Parc de la Ciutadella *(Mai–Sept. 18–20.30, Okt.–April 12–14.30 Uhr | Metro: L1 Arc de Triomf | La Ribera* [125 E2]*)*. Die Grundschritte sind schnell gelernt, ein freiwilliger Lehrer bzw. eine Lehrerin findet sich fast immer. Weitere Infos unter *www.bcnswing.org* und *www.balla swing.cat.*

> **Billig und trotzdem lecker? Wir meinen, das geht!**
In den folgenden Läden werden Sie gut und günstig satt

Die katalanische Küche überrascht durch reizvolle Kontraste und innovative Speisen – neben der baskischen gilt sie als die beste Spaniens! Deshalb sollten selbst Sparfüchse nicht ihre Zeit in den unzähligen Fastfood-Lokalen verschwenden. Genießen Sie lieber gut und günstig die einheimische Gastronomie – neben den bekannten teuren Restaurants gibt es in Barcelona viele Lokale und Bars, wo Sie Ihren Magen füllen können, ohne den Geldbeutel zu strapazieren. Eine gute Möglichkeit ist das *menú del día,* das Tagesmenü mit Vorspeise, Hauptgang und Nachtisch, oft noch mit einem Getränk und ab etwa 9 bis 11 Euro zu haben. Meiden Sie die Rambla und andere touristisch überlaufene Ecken – schon ein paar Schritte weiter finden Sie kleine Bars mit günstigem Mittagsangebot. Viele Lokale dienen je nach Tageszeit als Café, Imbiss, Restaurant, Kneipe oder Club. Die Essenszeiten sind gewöhnungsbedürftig für Nordeuropäer – gegessen wird mittags ab 14 Uhr und abends nicht vor 21 Uhr (Achtung, viele Lokale schließen am Sonntagabend!). Aber zum Glück gibt es ja Tapas für den Hunger zwischendurch. Futtern Sie sich also quer durch Barcelona – wir wünschen Ihnen guten Appetit!

ESSEN & TRINKEN

BARS, BODEGAS, TAPAS

BAR FIDEL [108 B1]

Eine Kneipentour macht Appetit – aber nachts ein günstiges Lokal mit geöffneter Küche zu finden, erinnert mitunter an die berühmte Suche nach der Stecknadel im Heuhaufen. Zum Glück gibt es die Bar Fidel, in der Szene bekannt für ihre belegten Baguettes. Man bekommt nicht einfach ein belegtes Brot, sondern knusprige Leckerbissen, liebevoll und frisch belegt, groß und sättigend – wie wäre es mit Camembert, Manchegokäse, Roquefortcreme, Tomate, grünem Spargel und Oregano? Auch die Salate sind frisch und zu empfehlen. *Sandwich oder Salat 5–6, Wein oder Bier 2,50 Euro | tgl. 13–17.30 und 19–1 Uhr | Ferlandina, 24 | Tel. 933 17 71 04 | Metro: L 2 Sant Antoni | Raval*

BAR LA PLATA [109 D4] Insider Tipp

Seit über 70 Jahren eine populäre Altstadtkneipe: klein, rustikal, mit bunten Keramikkacheln und Resopaltischen. Hierher kommen trinkfreudige Nachbarn, junge Leute und Touristen auf der Suche nach authentischem Ambiente – und wegen der kaum zu unterbietenden Preise, ein Glas Wein kostet 1,20 Euro! Wer sich traut, kann den Wein auch aus den *porrones* trinken, den traditionellen Glas- oder Keramikkaraffen mit seitlichem Trinkrohr. Aber aufpassen: Beim ersten Mal landet der Rotwein nicht immer im Mund. Die Tapaskarte ist übersichtlich: Salat aus Tomaten

und Zwiebeln, Anchovis, gebratene Sardinen, dazu das typisch katalanische Tomatenbrot, alles vom Feinsten – und jede Tapa ist für 2,80 Euro zu haben. *Mo–Sa 9–15.30 und 18.30–23 Uhr, So und Feiertage und im Aug. geschl. | Mercé, 28 | Tel. 933 15 10 09 | Metro: L 4 Jaume I | Barrio Gótico*

BAR L'ELECTRICITAT [125 D5]

Seit mehr als 100 Jahren ist diese Bodega eine echte Institution im Fischerviertel Barceloneta! Hier kommen Wein und Wermut direkt aus großen Fässern auf den Tisch. Je nach dem, wie leer die Flasche ist, wird abgerechnet. Dabei rundet der sympathische Wirt schon mal großzügig ab oder spendiert noch ein Gläschen. Die Atmosphäre ist familiär und sehr authentisch, sprich laut und fröhlich – und die Neonbeleuchtung tut der Stimmung auch keinen Abbruch. Die Einheimischen schätzen besonders den Wermut des Hauses, die Anchovis und die Kartoffeltortilla. Es gibt nur kalte Tapas und Brötchen mit verschiedenem Belag wie Chorizowurst oder Schinken. Ein Erlebnis! *Brötchen, Tortilla oder Tapa ab 4, Anchovis 6, Glas Wein 1,50, Literflasche Wein zum Mitnehmen ab 2,50 Euro | Di–Fr 8–15 und 19–22.30, Sa 8–15.30 und 19–22.30, So 8–15.45 Uhr | Sant Carles, 15 | Tel. 932 21 50 17 | Metro: L 4 Barceloneta | Barceloneta*

Insider Tipp

Qual der Wahl: hausgemachte Tapa-Köstlichkeiten in der Bar Masía

BAR MASÍA [108 C1]

Schon der Vater und der Großvater haben die Kneipe geführt, darauf ist die Wirtin mächtig stolz. An den Wänden hängen jede Menge Schwarz-Weiß-Fotos und Plakate aus den 1950er- und 1960er-Jahren. Ein Blick genügt, um festzustellen, dass sich seither in der urigen Bar nicht viel verändert hat. Und auch, dass man hier seit Generationen dem FC Barcelona die Treue hält, ist nicht zu übersehen! Man sitzt an Bistrotischen, eng, aber urgemütlich, noch dazu unter Einheimischen. Die typisch katalanischen Tapas sind hausgemacht und appetitlich: Hackfleischbällchen mit Kartoffeln und Gemüse, Stockfisch nach Omas Rezept oder Kroketten – um nur einige zu nennen. Und noch eine gute Nachricht: Die Tapas sind sogar günstig für die Lage mitten im In-Viertel Raval! *Tapa 3–4, Krokette 0,80, Bier oder Wein 2 Euro | Mo–Sa 9–1 Uhr | Elisabets, 16 | Metro: L 1, L 3 Catalunya | Raval*

Insider Tipp

BODEGA E. MARIN [119 D2]

Alle Weinbars sind von Hipstern besetzt… Alle Weinbars? Nein! Eine winzige Bodega im Szeneviertel Gràcia hört nicht auf, der Modernisierung Widerstand zu leisten! In der kleinen Bar, einen Steinwurf von der örtlichen Markthalle entfernt, hat sich seit der Eröffnung 1916 kaum etwas verändert. Riesige Weinfässer bis unter die Decke, ein kleiner Tresen, ein paar Hocker und ein sympathisches Paar, das den Laden inzwischen in vierter Generation führt. Lieblingstreff der Anwohner – auch wegen des köstlichen, hausgemachten Wermuts! *Bier 1,30, Wermut 1,50, Tapa 3 Euro | Mo–Fr 7–15, 17–23, Sa 8–15 Uhr | Carrer de Milà i Fontanals, 72 | Tel. 932 133 079 | Metro: L 4 Joanic | Gràcia*

CAN PAIXANO [124 C3]

So stellt man sich eine urige Taverne im Hafenviertel vor: Würste und Schinken hängen von den Deckenbalken, die Regale quellen über von Flaschen. Junge – und nicht mehr ganz so junge – Weltenbummler und Einheimische drängeln sich um den monumentalen Stehtresen, Stühle gibt es nicht. Sie sollten Barcelona nicht verlassen, ohne vom hauseigenen Cava gekostet zu haben, Marke Can Paixano, das Glas zum Dumpingpreis von 1,30 Euro! Achtung: Bier wird hier nicht ausgeschenkt. *Große Aus-*

wahl an Tapas für 3–4 Euro | Mo–Sa 9–22.30 Uhr | *Reina Cristina, 7 | Tel. 933 10 08 39 | www.canpaixano.com | Metro: L 4 Barceloneta | Barceloneta*

JONNY ALDANA VERMUTERIA [123 F2]

Vegetarier haben's schwer im Schinkenland Spanien. Gut, dass junge ambitionierte Wirte auch die Wünsche der fleischlos lebenden Kundschaft auf der Karte haben. Die sympathische Bar im aufstrebenden Viertel Sant Antoni ist berühmt für ihre Patés und Sandwiches, die gute Weinauswahl (auch Bio) – und die schattige Terrasse! Exzellentes Preis-Leistungs-Verhältnis. *Soja-Hamburger 4,50, Glas Wein 1,90 Euro | Mo–Sa 12.30–0.30, So 12.30–23 Uhr | Calle de Aldana, 9 | Tel. 93 17 42 08 | www. jonnyaldana.com | Metro: L 2, L 3 Paral.lel | Sant Antoni*

LA CAZALLA [108 C4]

Die kleinste Bar Barcelonas ist eigentlich eher ein Kiosk mit Straßenausschank am unteren Ende der Rambla. Hier wird Hochprozentiges ausgeschenkt in Schnapsgläsern – und das seit über 100 Jahren! Inzwischen kommen schon die Enkel und Urenkel der Stammgäste. Spezialität ist der Cazalla, ein Anisschnaps mit Rosinen für 2,50 Euro das Glas. *Tgl. 12.30–20 Uhr | Carrer de l'Arc del Teatre, Ecke Rambla | www.lacazalla.com | Metro: L 3 Drassanes | Raval*

LA FÁBRICA [109 E3]

Ein paar Stehtische, Barhocker, Kisten und ein großer Kühlschrank: Das kleine Lokal im Szeneviertel El Borne ist schlicht. Das Wichtigste ist ohnehin der mit original argentinischen *empanadas* gefüllte Tresen, alles 100 Prozent hausgemacht. Das Angebot reicht von vegan bis zu pikanten Fleisch- und Fischfüllungen. Gute Qualität zu fairen Preisen, auch Takeaway. Zur Freude aller Teigtaschenfans gibt es inzwischen auch im Gotischen Viertel *(Carrer Call, 19* [109 D3]*)* und Eixample *(Avinguda Sarrià 15* [117 F2]*)* Filialen. *Empanada 1,95 Euro | tgl. 11–22 Uhr | Plaça de la Llana, 15 | Tel. 933 18 30 33 | Metro: L 4 Jaume I | El Borne*

MONTSE BODEGA [108 C3]

Die 1893 eröffnete Bodega gehört zu den ältesten der Stadt: So muss es im Barrio Chino ausgesehen haben, bevor der Rotlichtbezirk zum trendigen und teuren Szeneviertel saniert wurde.

Die alten Fotos und Stierkampfplakate sind so vergilbt vom Nikotin wie die Wände. Wein und Wermut kommen aus rustikalen Holzfässern – zu Preisen, die sich auch Alteingesessene und Studenten noch leisten können. Nichts für Touristen, die es schick und sauber lieben. Wer aber den abgewrackten Charme einer authentischen Altstadtkneipe zu schätzen weiß, kommt hier günstig auf seine Kosten. *Glas Wein vom Fass 0,90–1, Wermut 1 l für 5, zwei Anchovis 3,80 Euro | Mo, Di und Do–Sa 8.30–16, 18.30–23, So 10–16 Uhr | Arc de Sant Augustí, 6 | Metro: L3 Liceu | Raval*

TASQUETA DEL BLAI [123 F2]

Die Fußgängerzone in Poble Sec ist inzwischen eine einzige trubelige Freiluftterrasse – und diese sympathische Bar gehört zu den ersten Häusern am Platz. Große Auswahl an wirklich günstigen Appetithäppchen, viele kosten nicht mehr als 1 Euro! *Tgl. 12.30–1 Uhr | Blai, 17 | Tel. 931 73 05 61 | Metro: L2, L3 Paral.lel oder L3 Poble Sec | Poble Sec*

TRAVEL BAR [108 C3]

Der beste Freund, die beste Freundin hat Sie kurzfristig versetzt, und nun müssen Sie allein ans Mittelmeer? Keine Sorge, in dieser Bar finden Sie bestimmt Anschluss. Beim Pub Quiz oder während der täglichen, dreistündigen (!) Happy Hour kommen Sie schnell mit anderen Reisenden ins Gespräch. Am Tresen können Sie sich zudem für Gratistouren durch die Stadt, Paella-Kochkurse, Gin-Verkostungen, Schatzsuchen und vieles mehr anmelden. Natürlich gibt es auch etwas für Hungrige. Auch da bleibt die Travel Bar dem Reisemotto treu und setzt auf internationale Küche: Von Pizza und Pasta über Burger bis zu Curry, Tapas und Co. Alles preisgünstig – und meistens gut. *Tapa ab 2,50, Bier 3,30, Kaffee 1,30 Euro | tgl. 10–23 Uhr | Boquería, 27 | Tel. 933 42 52 52 | www.travel bar.com | Metro: L3 Liceu | Barrio Gótico*

RESTAURANTS

CAN MAÑO [125 D4]

Dieses familiäre Fischlokal in der Barceloneta wirkt wie aus einem italienischen Film der 1960er-Jahre! Unprätentiös, gut und günstig, bekannt für fangfrisches Meeresgetier direkt vom Kutter angeliefert, einfach und mit Liebe zubereitet. Die

Fischportionen sind reichlich bemessen, die Beilagen werden extra bestellt: Kartoffeln, Gemüse oder Salat. Mittags gibt es auch eine Suppe und ein Tellergericht mit Linsen oder anderen Hülsenfrüchten im Angebot. Dass man hier billig und gut isst, weiß man im Viertel, also lieber versuchen, vor den Einheimischen da zu sein. *Fischgericht ab 5, Tagesgericht 2,50, Bier ab 1,20 Euro | Küche Di–Fr 8.15–11, 12.15–16 und 20–23, Sa 8.15–11, 12.15–16, Mo 20–23 Uhr | Baluard, 12 | Tel. 933 19 30 82 | Metro: L 4 Barceloneta | Barceloneta*

CLUB DE LA EMPANADA [109 D3]
Die leckeren galizischen *empanadas* werden nach Omas Rezept und mit marktfrischen Zutaten zubereitet.

Auch den Tintenfisch nach galizischer Art sollte man unbedingt probieren! Das einfache Lokal ist bei Einheimischen sehr beliebt, die Atmosphäre zum Wohlfühlen – wie in einer typischen Eckkneipe eben. Ihre Besitzer, die Brüder Ibra und Josemi, kamen durch die Wirtschaftskrise auf die Gastronomie: Als sie ihre Jobs als Journalist bzw. Informatiker verloren, besannen sie sich auf ihre kulinarischen Talente – mit Erfolg! Mittags gibt es ein hausgemachtes Menü für 11,50 Euro inkl. Getränk. Wechselndes Tapa-Angebot. *Empanada 2,50–3,50, Glas Hauswein 1, Bier 1,80 Euro | Mo–Fr 9–17 und 19–23 Uhr | Dagueria, 7 | Tel. 933 10 76 47 | www.clubdelaempanada.com | Metro: L 4 Jaume I | Barrio Gótico*

CLEVER!
› Schlemmen zum Vorzugspreis

Viele Restaurants geben ein Kontingent frei für Online-Reservierungen zu ermäßigten Preisen, sodass man an bestimmten Wochentagen bis zu 50 Prozent des Normalpreises sparen kann oder eingeladen wird zu Getränken. Die Angebote lassen sich über verschiedene Websites buchen – schauen Sie sich einfach die Listen und Termine durch und wählen Sie aus. Zu den besten und übersichtlichsten Anbietern gehören *www.atrapalo.com, www.restaurantes.com* und *www.bcnrestaurantes.com* (unter „offers" oder „discounts").

› **www.marcopolo.de/barcelona**

ESSEN & TRINKEN

COMIDA DE OLLA [113 F5]

Zugegeben, das kleine Lokal liegt etwas abseits der touristischen Trampelpfade. Aber für das, was Pedro und María täglich aus marktfrischen Zutaten auf den Teller zaubern, lohnt sich ein kleiner Umweg. Ob Rote-Beete-Süppchen, Paella mit Meeresfrüchten oder Apfel-Tatin: Die täglich wechselnden Mittagsmenüs sind ein Gedicht – und im Preis-Leistungs-Verhältnis stadtweit unschlagbar. Unbedingt einplanen als krönenden Abschluss eines Besuchs im Park Güell! *Mittagsmenü Mo–Fr 12, Spezialmenü Sa 22 Euro | Mo–Sa 12–18 Uhr | Carrer de Praga, 1 | Tel. 93252 8465 | Metro: L4 Alfons X | Gràcia*

Insider Tipp

EL CASAL [109 E4]

Insider Tipp

Casal heißt in Katalonien ein Ort, an dem Menschen sich begegnen und austauschen. Das familiäre Bistro ein paar Schritte von der Kathedrale Santa María del Mar lädt dazu ein: in entspannter Atmosphäre – bei einem Frühstück mit selbst gemachter Marmelade und katalanischer Wurst oder dem täglich wechselnden, hausgekochten Mittagsmenü. Die Gerichte sind mediterran und fantasievoll zubereitet. Verarbeitet werden katalanische Produkte der Saison. Auf der mehrsprachigen Karte finden Sie auch leckere Tapas oder frisch belegte Ciabatta-Brötchen. Freundliche Bedienung. *Mittagsmenü mit 3 Gängen inkl. Getränk und Brot 11,25, halbes Menü 8,90, belegte Ciabatta-Brötchen 2,50–4,50, Glas Wein 1,80 Euro | Mo–Mi 8–16, Do, Fr 8–24, Sa 18–24 Uhr | Plaça Victor Balaguer, 5 | Tel. 932684004 | www.elcasal cafe.com | Metro: L4 Jaume I | El Borne*

GELIDA [117 F5]

Selbst wenn das rustikale Lokal abseits der Touristenrouten mittags rappelvoll ist, findet die freundliche Bedienung meist noch Platz für hungrige Neuankömmlinge. Das Restaurant ist seit mehr als einem halben Jahrhundert in Familienbesitz; vielleicht fühlt man sich hier deshalb gleich wie zu Hause. Auf der Karte steht traditionelle katalanische Küche wie Nudelpaella *(fideuá)* mit Fisch, Bratwurst, Schweinsfüße oder Kalbsfrikassee, viele Gerichte für unter 5 Euro! Und wundern Sie sich nicht, wenn der Ober in einem ruhigen Moment plötzlich zur Gitarre greift. *Tellergericht ab 2,50 Euro |*

Insider Tipp

Mo–Fr 6–22, Sa bis 16.30 Uhr | Diputaciò, 133 | Tel. 934 53 79 97 | Metro: L 1 Urgell | Eixample

Insider Tipp

L'AVIA   [108 A2]

Neonlicht, Nachbarn in Hausschuhen und uruguayisch-italienische Hausmannskost: An diesem Speiselokal sind Designboom und Nouvelle Cuisine spurlos vorübergegangen. Das Essen ist gut und günstig – und der Wirt Mario ein Original, der zum Nachtisch schon mal gern einen seiner selbst geschriebenen Essays kredenzt. Dazu unbedingt die *crema catalana* probieren! *Empanada 1,30, Pasta oder Pizza 3,50, Eintopf 3,60, Paella 5,50, wechselndes Tagesmenü mit drei Gängen, Getränk und Kaffee 8–10, Dessert 1,50–1,80 Euro | Di–Fr 12–2, Sa und So 12–3 Uhr | La Cera, 33 | Tel. 934 42 00 97 | Metro: L 2 Sant Antoni | Raval*

LA BOMBETA   [125 D4]

„Wir sprechen kein Englisch, aber machen die leckersten *bombas*", steht in großen Lettern über dem Tresen dieser Fischertaverne. Stimmt: Nirgendwo sonst in Barcelona werden die Bomben, die dem Lokal seinen Namen gaben, noch hausge- macht, dazu so köstlich und preis- wert! Es handelt sich dabei um gebratene Bällchen aus Kartoffelpü- ree mit Fleischfüllung, dazu gibt es eine scharfe Soße und *allioli*, eine feine Olivenöl-Mayonnaise mit Knoblauch. Auch die *patatas bravas*, pikante Kartoffeln (4,20 Euro), sind sehr zu empfehlen. Überhaupt sieht alles frisch und appetitlich aus, ob gegrillter Seehecht oder Calamares. Den preiswerten Hauswein kann man bedenkenlos bestellen. Keine Reser- vierungen, keine Kreditkarten, dafür nette und engagierte Bedienung. *Zwei bombas 4,20, Fischgericht ab 6,90, 1 l Hauswein 5,90 Euro | Mo, So 10–23, Di 10–22, Do–Sa 10–24 Uhr | Maquinista, 3 | Tel. 933 19 94 45 | www.labombeta.org | Metro: L 4 Barceloneta | Barceloneta*

LA FONDA   [108 C4]

Diese moderne Version eines traditi- onellen katalanischen Gasthauses liegt nur ein paar Schritte von den Nepplokalen der Rambla entfernt. Das geräumige Restaurant mit Säu- len und Emporen verbindet den Charme vergangener Epochen mit einem locker-kosmopolitischen Am- biente. Dass das Preis-Leistungs-

Verhältnis gut ist, hat sich herumgesprochen. Wer sich einen Platz sichern will, reserviert online! Die Küche ist mediterran und marktfrisch, ihre Spezialität sind Reisgerichte und Nudelpfanne. Das populäre Mittagsmenü *(nur Mo–Fr)* mit drei Gängen und Wein oder einem anderen Getränk kostet 11,75 Euro, Kindermenüs gibt es für 9,95 Euro, à la carte speist man für 20 Euro. *So–Do 12.30–23, Fr, Sa 12.30–23.30 Uhr | Escudellers, 10 | Tel. 933 01 75 15 | www.grupandilana.com | Metro: L 3 Drassanes | Barrio Gótico*

MESÓN DAVID [108 A3]

Lassen Sie sich nicht von der griesgrämigen Miene des Wirts abschrecken. Die ist nur Fassade, bis auf das fehlende Begrüßungslächeln stimmt das Wesentliche: großzügige Portionen bei zuverlässig guter Qualität, ob Kaninchen mit Knoblauch, frisches Lamm aus dem Backofen oder die legendäre Schweinshaxe, alles zu günstigen Tarifen. Spezialität der galizischen Taverne ist der fangfrische Fisch. Die große Fischplatte oder den *pulpo gallego* (Galizischer Oktopus) kann man getrost zu zweit bestellen.

@ **WWW.MARCOPOLO.DE**

> *Inspirieren. Planen. Reisen.*

> Holen Sie sich aktuelle Informationen und Insider-Tipps zu Reisezielen weltweit ... und auch für Ihre Stadt zu Hause.

> Lehnen Sie sich zurück und genießen Sie unsere faszinierenden Bilderstrecken und Videos zu atemberaubenden Destinationen.

> Bleiben Sie informiert mit News und Reportagen zu Reisezielen, Tipps, praktischen Service-Ratgebern und vielem mehr.

> Planen Sie Entdeckungstouren und erfahren Sie mehr über die Must-Sees an Ihrem Urlaubsort.

> Gut vorbereitet mit Klima und Wetterdaten zu Ihrem Reiseziel – inklusive Unternehmungstipps für Regentage.

> Regelmäßig Gewinnspiele mit attraktiven Preisen.

Abonnieren Sie jetzt den kostenlosen Newsletter unter www.marcopolo.de/newsletter und Sie erhalten das Beste von MARCO POLO regelmäßig in Ihr E-Mail-Postfach.

> *www.marcopolo.de/barcelona*

Hier können Sie sich eine preiswerte und trotzdem gute Grundlage schaffen für die lange Nacht. *Fleisch- oder Fischgericht ab 8, Schweinshaxe 10, Kaninchen 11 Euro | tgl. 12–24 Uhr | Carretes, 63 | Tel. 934 41 59 34 | www.mesondavid.com | Metro: L 3 Paral.lel | Raval*

OFIS/SIFO [108 B3]

Stylish, cool und angesagt, mit einer originellen Sammlung von Siphonflaschen, die dem Lokal seinen Namen gaben. Gekocht wird mediterran, Gerichte wie Langostinos mit Birnen oder Hähnchen in Zitronensoße. Gegen Mitternacht werden die Tische zur Seite gerückt, aus dem Restaurant wird eine gefragte Musikbar mit DJs oder Livemusik. *Gerichte und Salate 4–5 Euro | tgl. 21–3, Küche bis 24 Uhr | Espalter, 4 | Tel. 933 29 68 32 | sifo.es | Metro: L 3 Liceu | Raval*

OVISO [108 C4]

Ein Klassiker unter Barcelonas Szenelokalen ist das Ovisos, im Herzen des Gotischen Viertels gelegen: alternatives Ambiente, innen bunt und behaglich eingerichtet, mit Wandmalereien und Deko aus Recyclingmaterial. Gereicht werden Öko-Snacks und mediterrane Küche mit französischem Einschlag. Die Crêpes sind lecker und die Getränke für die Altstadtlage günstig. Achtung: Wer einen Tisch ergattern will für den sehr preiswerten und deshalb auch populären Mittagstisch, sollte rechtzeitig vor Ort sein. *Tellergericht 5–6, Mittagsmenü (mit Vorspeise, Hauptgang und Nachtisch) 6, Wein 2, Longdrinks ab 5 Euro | So–Do 10–2.30, Fr und Sa 10–3 Uhr, Küche durchgehend geöffnet | Arai, 5 | Tel. 637 58 92 69 | Metro: L 3 Drassanes | Barrio Gótico*

PETRA [109 E4]

Zwischen kuriosen Lampen und Spiegeln bekommen Sie in dem urigen Altstadtlokal neben der Basilika Santa María del Mar marktfrische mediterrane Küche mit Produkten der Saison. Mittags gibt es neben dem 3-Gänge-Menü montags bis freitags auch ein wechselndes Tagesgericht für 7,50 Euro (inkl. kleinem Salat/Suppe und Getränk). *Salat 6,50, Pasta 7,20 Euro | tgl. 13.15–16, Mo–Do auch 20.30–23, Fr, Sa auch 20.30–24 Uhr | Sombrerers, 13 | Tel. 933 19 99 99 | www.restaurantpetra.com | Metro: L 4 Jaume I | El Borne*

RASOTERRA [109 D4]

Auch Nichtvegetarier kommen in diesem ansprechenden Lokal auf ihre Kosten: Die (teils auch veganen) Gerichte sind fantasievoll zusammengestellt, originell gewürzt und liebevoll angerichtet. Alle Zutaten stammen aus der Region und aus ökologischem Anbau, die Herkunft steht auf der Speisekarte. Auch die hausgemachte Pasta ist empfehlenswert. Gute regionale Weine und Biersorten. Die Restaurantbesitzer gehören der Slow-Food-Bewegung an. *Tapa ab 3, Mittagstisch (Hauptgericht und Nachtisch) 11, Glas Wein ab 3 Euro | Di–So 13–16, 19–23 Uhr | Palau, 5 | Tel. 933 18 69 26 | www.rasoterra.cat | Metro: L 4 Jaume I | Barrio Gótico*

ROMESCO [108 B3]

Nicht schön, aber sehr authentisch ist dieses populäre, enorm günstige Speiselokal in der Nähe der Rambla. Um die Resopaltische reißen sich zur Essenszeit Einheimische und Urlauber, denen jemand die Adresse verraten hat. Stellen Sie sich nicht auf lukullische Extravaganzen ein – das Essen ist handfest und hausgemacht: Hähnchen mit Beilage, Suppen, gegrillter Seehecht oder Koteletts. Wenn Sie sich noch nicht auf die mediterranen Essenszeiten umgestellt haben, werden Sie sich freuen, dass die Küche durchgehend geöffnet ist! *Suppe 2,90, Linseneintopf 3,20, Paella 4,50, Seehecht oder Kotelett 6 Euro | Mo–Fr 13–23.30, Sa 13–16.30 und 20–23.30 Uhr | Sant Pau, 28 | Tel. 933 18 93 81 | Metro: L 3 Liceu | Raval*

SABORES DE PORTUGAL [108 A2]

Lust auf eine Stippvisite im Nachbarland Portugal? Im Multikulti-Viertel Raval ist das möglich. Auf dem Grill des populären Restaurants brutzeln Sardinen und Würste, Hähnchen drehen sich am Spieß und der *Bacalhao al bras,* Kabeljau aus der Pfanne, schmeckt in Lissabon auch nicht besser! Die Klassiker der portugiesischen Küche werden stilecht auf Tontellern serviert, die Portionen sind so groß, dass man Hauptgerichte besser teilt. Günstiges Mittagsmenü! *Empanadillas (gebackene Teigtaschen) 1,75, Bacalhao al bras 14, Mittagsmenü (2 Gänge mit Nachtisch und Getränk) 10,99 Euro | Di–Do 12–14, 19.30–24, Fr, Sa 12–24, So 12–18 Uhr | Carmen, 95 | Tel. 937 82 15 58 |*

http://saboresdeportugal.eltenedor.rest/ | Raval

SANTA FÉ [125 E2]

Ein Spaziergang durch den Parc de la Ciutadella macht Appetit – und den stillt niemand besser als Ruben. Sein kleines Café-Restaurant ist ein Lieblingstreff der Nachbarschaft – wegen des sympathischen Besitzers und seiner exzellenten brasilianischen Küche. Die Portionen sind großzügig, die Preise günstig, das Ambiente gemütlich – und auch der Kaffee ist außergewöhnlich gut! **Jeden Freitag gibt's bei Niedrigtemperatur gegarte Schweinshaxe. Ein Gedicht!** *Plato Santa Fé mit Nachtisch 10,50, Kombiteller 9, 2-Gänge-Menü mit Nachtisch und Getränk 19,50 | Mo–Fr 7.30–17 Uhr | Wellington, 17 | Tel. 93 30 56 83 | Metro: L 1 Marina | El Parc/Sant Martí*

Insider Tipp

TAVERNA CAN MARGARIT [123 E2]

Insider Tipp

An den Wänden der kuriosen Taverne erinnern allerhand bäuerliche Geräte daran, dass hier einst ein Pferde-

Freundliches Ambiente, zentrale Lage, preiswertes Essen: Romesco

stall untergebracht war. Zur Einstimmung lässt man sich am besten gleich am Eingang ein Glas Wein aus den rustikalen Holzfässern an der Wand geben. Auf der Karte finden Sie einfache und deftige katalanische Gerichte wie Bratwurst mit weißen Bohnen, gebratene Sardinen oder Salate. *Tellergericht oder Salat ab 4,50, Kaninchen 13,95, 0,5 l offener Wein 3,20 Euro | Mo–Sa 20.30–23.30 Uhr | Concórdia, 21 | Tel. 934 41 67 23 | Metro: L 3 Poble Sec | Poble Sec*

VEGGIE GARDEN [108 B2]

Veganes Lokal mitten im Szeneviertel Raval, ein paar Schritte vom Museum für Zeitgenössische Kunst entfernt. Die farbenfrohe Wand- und Deckenbemalung regt den Appetit an – auf originelle Gerichte mit nepalesischem oder indischem Akzent. Markengetränke wie Coca-Cola werden Sie hier vergeblich suchen, dafür gibt es leckere, frisch gepresste Säfte. (Wer im Eixample unterwegs ist, findet an der Gran Vía, 602 eine Filiale). *Vegetarischer Burger mit Satésoße 4, Mittagsmenü 9,25, Säfte ab 3,75 Euro | tgl. 12.30–23.30 Uhr | Carrer dels Àngels, 3 | Tel. 931 80 23 34 | Metro: L 1, L 2 Universitat | Raval*

SANDWICH & CO.

CAN CONESA [109 D3]

Das Lokal an der Plaça Sant Jaume erkennt man schon an der Warteschlange vor der Tür. Mit ein paar Stehtischen und wenigen Sitzmöglichkeiten ist es für längere Aufenthalte nicht besonders geeignet, auch sollte man keine kulinarischen Köstlichkeiten erwarten, aber die warmen Sandwiches *(bocatas)* sind hausgemacht und sättigend. Am besten nimmt man sich ein Sandwich auf die Hand und sucht sich ein hübsches Plätzchen unter freiem Himmel. Es gibt auch Angebote für Vegetarier oder ohne Gluten. *Sandwich 3–6,50 Euro | Mo–Sa 8.15–22.15 Uhr | Llibreteria, 1 | Tel. 933 10 13 94 | www.conesaentrepans.com | Metro: L 4 Jaume I | Barrio Gótico*

LA CUINA DE LA MAMMA [109 D4]

Punktgenau gegrillte Steaks, köstliche Empanadas und leckere Pizza: Das sympathische kleine Restaraunt ist der Beweis, dass in jedem Argentinier ein italienisches Herz schlägt. Ideal für eine kleine Pause beim Pflastertreten

ESSEN & TRINKEN

in der Altstadt. *Empanadas 1,85, Pizza ab 7,50, Mittagsmenü 10 Euro | Mo–So 13–22.30 Uhr | Comtessa de Sobradiel, 4 | Tel. 661 08 43 22 | www. lacuinadelamamma.com | Metro: L 4 Jaume I | Barrio Gòtico*

MAOZ   [108 C2]

Bars und Restaurants in der Nähe der Rambla, in denen man als Tourist nicht über den Tisch gezogen wird, sind Glückssache. Dieser vegetarische Imbiss bietet eine zuverlässige Alternative, wenn der Hunger zwischen den Mahlzeiten oder zu nächtlicher Stunde zu groß wird. Keine Delikatessen, aber die Pitas sind gut gefüllt mit Falafel und Humus. Man kann so oft frische Salate und Beilagen aus der Vitrine nachfüllen, wie man möchte. *Salatbar oder Pita 4,90, Menü mit Pita, hausgemachten Kartoffelecken und Getränk 7,50 Euro | tgl. Dez.–Feb. 12–1, sonst 11–2.30 Uhr | Ferrán, 13 | Tel. 678 60 49 46 | www.maozusa.com | Metro: L 4 Jaume I | Barrio Gótico*

MENDIZÁBAL   [108 B3]

Insider Tipp

Das Mendizábal ist ein populärer Kiosk in den Altstadtgassen des Raval, mit einem Touch von SoHo: eine beliebte Anlaufstelle für hungrige Nachtschwärmer, aber auch tagsüber gefragt bei Einheimischen und eingeweihten Touristen, die die warmen, reich belegten Sandwiches und frischen Säfte zu schätzen wissen. Es gibt die Snacks in vielen Ausführungen, etwa mit Schinken, Brie, Chorizo, Ziegenkäse, Rucola und Tomate – und für die Fußmüden ein kleines Lokal sowie eine großzügige Terrasse. *Sandwich oder Baguette ab 4, frisch gepresster Saft 2,90 Euro | So–Do 9–24, Fr, Sa 9– 2 Uhr | Junta del Commerç, 2 | Tel. 935 66 70 57 Metro: L 3 Liceu | Raval*

THE BOX   [109 D4]

Vergessen Sie die Ketchup-Mayo-Kombi: Die Hot-Dogs des bunten Szenelokals haben einen gourmetverdächtigen Latino-Einschlag und machen garantiert satt. Und wenn Sie dazu noch einen der leckeren Mojitos probieren, dann verstehen Sie, warum ein Lichterkettenherz das Logo dieses Lokals umkränzt. *Rum-Shot 3,30, Hot Dog ab 6 Euro | So–Do 18–2, Fr und Sa 18–3 Uhr | Gignàs, 30 | Tel. 933 19 67 17 | www.face book.com/theboxbar | Metro: L 4 Jaume I, L 3 Liceu | El Borne*

GRESCA [118 B3]

Rafael Peña, Chef dieses schmalen, schnörkellosen Restaurants, gehört zu einer neuen Generation katalanischer Avantgardeköche. Seine Küche ist kreativ, mediterran, marktfrisch und authentisch. Mittags können Sie seine Kunst mit einem relativ günstigen Menü probieren: Vorspeise, Hauptgang und Dessert, dazu Mineralwasser und Kaffee für 21 Euro. Achtung: Die wenigen Tische des gefragten Lokals sind schnell besetzt. *Sa mittag und So geschl. | Provença, 230 | Tel. 93451 61 93 | Metro: L3, L5 Diagonal | Eixample*

LOIDI [118 C3]

Spaniens Starkoch Martin Berasategui hat es in seinem gastronomischen Imperium auf sechs Michelin-Sterne gebracht – drei bekam er allein schon für seinen berühmten baskischen Gourmettempel Lasarte. In der katalanischen Filiale in Barcelona können Sie sich seine Haute Cuisine auf der Zunge zergehen lassen. Die Atmosphäre in dem schlicht gestylten Bistro am Nobelboulevard Passeig de Gràcia ist entspannt, wobei die Leistung

den Preis allemal wert ist: Das wöchentlich wechselnde Tagesmenü mit drei Gängen bekommen Sie ab 31, mit vier Gängen und Getränken (Cava, Rot- und Weißwein, Dessertwein) ab 69 Euro, und zwar mittags genauso wie abends oder am Wochenende. *So und Feiertage abends geschl. | Mallorca, 248 (Hotel Condes de Barcelona) | Tel. 9349292 92 | www.condesdebarcelona.com | Metro: L2, L3, L4 Passeig de Gràcia | Eixample*

MOO [118 C3]

Das loftartige Restaurant in der Lobby des Luxushotels Omm bietet seinen Gästen nicht nur ultraschickes Design, für den kulinarischen Genuss sorgt die Kunst der mit Michelin-Sternen gekrönten Brüder Roca, die in Girona ein berühmtes Feinschmeckerlokal führen. Um die Bodega mit mehr als 600 Weinsorten kümmert sich Roger Viusa, der 2008 zum zweitbesten Sommelier weltweit gekürt wurde. Fürs viergängige Mittagsmenü zahlen Sie 49 Euro inkl. Mineralwasser, ein Glas Wein und Kaffee – eine lohnende Investition. *So und Mo geschl. | Rosselló, 265 | Tel. 934 45 40 00 |*

LUXUS LOW BUDGET

www.hotelomm.es | Metro: L3, L5 Diagonal | Eixample

RICE [118 A2]

Nein, eine klassische Paella werden Sie von Meisterkoch Miguel Sánchez Romera in seinem Themenrestaurant sicher nicht bekommen! Er dämpft das Korn lieber in Kokosmilch oder Waldfrüchten und kreiert eine Barcelona Roll aus sechs verschiedenen Reissorten. Als promovierter Neurologe weiß Sánchez Romera, dass Gourmets mit allen Sinnen genießen, auch mit dem Kopf: Seine Gerichte sind durchdacht und ästhetisch anspruchsvoll in Szene gesetzt. Am günstigsten überzeugen Sie sich davon beim Mittagstisch – für 25 Euro. Di–So 13–15.30, Mi–Sa auch 20–22.30 Uhr | Muntaner, 182 | Tel. 931 42 67 09 | www.ricebysanchezromera.com | Metro: L5 Hospital Clinic | Eixample

Haute Cuisine als (relativ) günstiges Tagesmenü: Restaurante Loidi

> Kleine, preiswerte Geschäfte, günstige Designer-shops: Hier steht, wo Sie gut & billig einkaufen können

Über Barcelona lässt sich eine ganze Menge sagen – nur nicht, dass die Stadt ein günstiges Pflaster zum Einkaufen ist! In der Trendcity Spaniens hat sich nicht nur die Zahl der Besucher vervielfacht, sondern leider auch die Höhe der Preise. Inzwischen ist Barcelona ähnlich teuer wie München, Mailand oder Paris. Die gute Nachricht: Sie müssen trotzdem nicht auf einen vergnüglichen Einkaufsbummel verzichten, ja nicht einmal unbedingt viel Geld ausgeben beim genüsslichen Shoppen – wenn Sie wissen, wo und wie das Sparen gelingt. Ein guter Tipp sind die Outlets, die in den letzten Jahren wie Pilze aus

dem urbanen Boden schießen. Auch Secondhand ist nicht mehr verpönt in Barcelona – noch vor ein paar Jahren hätten Einheimische kaum angezogen, was andere vorher getragen haben. Wenn Sie etwas Zeit haben, lohnt sich immer ein Bummel durch kleine Seitenstraßen oder Stadtviertel, die noch nicht von anderen Urlaubern überschwemmt sind. Noch gibt es erstaunlich viele kleine und kuriose Läden, Kolonialwarenhändler wie aus einem anderen Jahrhundert und unscheinbare, oft winzige Geschäfte, in denen Sie freundlich bedient werden und viel weniger zahlen als im Zentrum. Sehen Sie selbst!

SHOPPEN

ACCESSOIRES & GESCHENKIDEEN

ALE-HOP

Wenn Sie sich beim Shoppen plötzlich neben einer Kuh wiederfinden, haben Sie sich nicht in den Zoo verirrt, sondern Sie stehen vor einer Filiale der spanischen Ladenkette Ale-Hop, deren Markenzeichen das lebensgroße Tier ist. Witzig, bunt und wirklich billig sind die Geschenkideen, ob Sonnenbrillen, Schlüsselanhänger, Etuis, Ketten, Armbänder, Kulis oder originelle Regenschirme. Die meisten Dinge kosten 1 bis 5 Euro – und das täglich von 10 bis 22 Uhr! *Santa Ana, 26 | Metro: L1, L3 Catalunya | Barrio Gótico* **[109 D1]***; Boquería, 28 | Metro: L3 Liceu | Barrio Gótico* **[108 C3]***; Sant Pere més Alt, 6 | Metro: L1, L4 Urquinaona | El Borne* **[109 E2]***; www.alehop.org*

CINEMA SCOPE [118 C1]

Warum nicht mal ein originelles Filmposter verschenken, das Sie sonst nirgendwo finden? Zumindest nicht zu dem Preis: Die Poster sind bestens erhalten und ab 7,50 Euro zu haben. Vielleicht stöbern Sie noch ein bisschen weiter zwischen Sammlerstücken, Platten, DVDs, Postkarten und Fotos für 50 Cent, zwischen Kuriositäten und Raritäten – ein Mekka (nicht nur) für Filmliebhaber. *Do–Sa 11–14 und 17–20.30, Mo, Mi 17–20.30 Uhr | Torrent de l'Olla, 101 | Tel. 932 37 27 20 | Metro: L3 Fontana | Gràcia*

FANTÁSTIK [108 B1]

Als (extra)ordinären Bazar bezeichnet sich der Laden im Szeneviertel Raval selbst augenzwinkernd: Hier bekommen Sie bunten, originellen, manchmal schrillen Nippes aus aller Welt zu günstigen Preisen, ob Ethnoschmuck aus Afrika oder Taschen aus Recyclingmaterial. Der Laden achtet auf Fair Trade, aus dem Erlös werden NGO-Projekte unterstützt. *Armbänder ab 2,50, Geldbörsen ab 4,50, Taschen ab 12 Euro | Mo–Fr 11–14 und 16–20.30, Sa 11–15 und 16–21 Uhr | Joaquín Costa, 62 | Tel. 933 01 30 68 | www.fantastik.es | Metro: L 1, L 2 Universitat | Raval*

MUY MUCHO

Sie brauchen noch ein Mitbringsel – etwas, das viel hermacht und wenig kostet? Muy Mucho bietet eine große Auswahl an zeitgemäß gestylten Geschenkartikeln und Dekorationsobjekten, denen man nicht unbedingt ansieht, was man tatsächlich dafür ausgegeben hat – vom Bilderrahmen über Glas und Keramik bis hin zu Tischdecken, Schmuck und nettem Schnickschnack. Die Läden sind hübsch dekoriert, das Schauen und Shoppen macht Spaß – allein die Preise erinnern an asiatische Billigbasare. Schon ab 2 bis 3 Euro finden Sie zahlreiche Kleinigkeiten zum Verschenken. *Mo–Fr 10–20.30, Sa 10.30–21 Uhr | Rambla Catalunya, 35 | Tel. 934 88 36 66 | Metro: L 3, L 4 Passeig de Gràcia | Eixample* [118 C4]*; Mo–Fr 10–20.30, Sa 10.30–14.30, 17–21 Uhr | Casanova, 154 | Tel. 934 53 97 29 | Metro: L 4 Hospital Clinic | Eixample* [118 B4]*; muymucho.es*

PINAR MIRÓ [109 F4]

Ein typisches Barcelona-Souvenir? Einmal nach unten gucken, bitte. Die Straßenfliesen mit der stilisierten Blume haben hohen Wiedererkennungswert – und die bunt gemusterten Kacheln der Modernisme-Häuser ebenso. Nahe der Ausgrabungsstätte Mercat del Born können Sie für 4–6 Euro preiswert Musterkacheln erstehen und sich oder ihren Lieben zu Hause daraus einen originellen Untersetzer basteln. Achtung, die Dinger sind ganz schön schwer, daher auf Übergepäck achten! *Mo–Fr 9.30–14 und 16–19.30, Sa 10.15 Uhr | Ribera, 5 | Tel. 934 88 48 42 | Metro: L 4 Barceloneta | El Borne*

Insider Tipp

Insider Tipp

ZABRISKIE STUDIO [118 B3]

Baumwolltuniken in allen Regenbogenfarben, Leinenschläppchen, Räucherstäbchen, Teegeschirr: Hier finden Edelhippies alles, was sie für einen entspannten Lebensstil brauchen. Die Waren stammen überwiegend aus Restbeständen der Ladenketten Vientos del Sur und Natura. Pantoffeln gibt's zum Beispiel ab 8, Wachskerzen ab 3 Euro. Lohnt einen Besuch. *Mo–Fr 10–21, Sa, So 10.30–14.30 und 16–21 Uhr | Mallorca, 198 | Tel. 933 23 12 47 | Metro: L 5 Hospital Clinic | Eixample*

ELEKTRONIK

CASH CONVERTERS

Wenn die Kamera zu Hause liegen geblieben ist, tut es im Urlaub statt einer neuen vielleicht auch eine aus zweiter Hand: Dieses Secondhandunternehmen kauft gebrauchte Elektrogeräte von Privatiers und verkauft sie nach technischer Überprüfung weiter. Vom Walkman bis zur E-Gitarre: Kaum ein Artikel, der bei Cash Converters nicht schon über die Theke gegangen wäre. Alle Elektroartikel haben ein Jahr Garantie. *Mo–Sa 10.30–20.30 Uhr | Floridablanca, 145 | Tel. 934 23 99 00 | Metro: L 1, L 2 Universitat, L 2 Sant Antoni | Eixample [108 A1] | Mo–Sa 10–20.15 Uhr | Balmes, 141 | Tel. 934 15 79 69 | Metro: L 3, L 5 Diagonal | Eixample [118 B3]*

REPARAT MILLOR QUE NOU 🐷 [117 E5]

Ihre Reisetasche ist kaputt? An der Hose ist nach diversen Tapasorgien eine Naht geplatzt? In dieser städtischen Reparaturwerkstatt kann man nach Voranmeldung unter Anleitung kaputte Textilien, Elektrogeräte und anderes eigenhändig reparieren – kostenlos. Werkzeug ist vorhanden, Ersatzteile müssen allerdings selbst besorgt werden. *Mo–Fr 10.30–14 und 17–20.45, Sa 10.30–14 Uhr | Sepúlveda, 47 | Tel. 934 24 28 71 | www.reparatmillorquenou.blogspot.com | Metro: L 1 Rocafort | Eixample*

FOOD

J. RENOBELL [109 F4]

Wer angesichts der riesigen Säcke mit Mandeln, Bananenchips, Cashewnüssen nicht in Snacklaune kommt, ist selber schuld. Der offene Verkauf hat Tradition in Barcelona. Bei Jaime Renobell zieht man wie schon bei seinem Vater und Großva-

ter eine Wartenummer, lässt sich dann fachkundig bedienen. Achtung: Weniger als ein halbes Kilo kommt selten in die Tüte! Naschkatzen decken sich mit Großpackungen an Gummibärchen und Lollipops ein. *Mo–Fr 9.15–14, 16.15–20, Sa 9.15–14 Uhr, Aug. nachmittags geschl. | Passeig de Picasso, 34 | Tel. 933 19 76 36 | www.jrenobell.es | Metro: L1 Arc de Triomf, L4 La Barceloneta | El Borne*

MÄRKTE & SECONDHAND

DOMINICAL DE LLIBRERS [123 F1]

Comic-Heftchen, Bestseller vergangener Tage oder edle Kunstbände: Leseratten werden unterm großen Zeltdach neben der frisch renovierten Markthalle bestimmt fündig und können sich für 2, 3, oder 4 Euro preisgünstig mit neuem Stoff eindecken. Ein paar Stände führen auch englische, französische, deutsche Literatur.

Panini- und andere Sammelbildchenfans aufgepasst: ==An der Ecke Tamarit/Ronda Sant Pau treffen sich große und kleine Sammler zum Bildchentausch.== `Insider Tipp` Eine tolle Gelegenheit, die eigene Sammlung zu vervollständigen – und vielleicht die ein oder andere überraschende Ferienbekanntschaft zu schließen! Meist findet sich ein patenter Großvater, der zum passenden Tauschpartner führt.

CLEVER!

> Bon Area: selbst verpflegen

Wenn Sie eine Bon-Area-Filiale in Ihrer Nähe haben, brauchen Sie den Hunger nicht mehr zu fürchten, selbst wenn Ihr Reisebudget gefährlich geschrumpft sein sollte: Die Preise der Lebensmittelkooperative sind kaum zu unterbieten. Wurst- und Fleischwaren, Patés, Schinken, Käse, Milchprodukte, Obst aus der Agrarprovinz Lleida, all das gibt's frischer als in jedem Supermarkt – und deutlich billiger. Die Bauernkooperative kann so preiswert verkaufen, weil sie sich selbst um Verarbeitung und Vertrieb ihrer Produkte kümmert. Ihr Picknick am Strand ist also in jedem Fall gesichert. Die Adressen der knapp 50 Filialen in Barcelona finden Sie unter *www.cag.es*.

Bild: Die Chance, auch vergriffene Bestseller zu finden – Flohmarkt Sant Antoni

So 8.30–14.30 Uhr | Mercat Sant Antoni | www.dominicaldesantantoni.com | Metro: L 2 Sant Antoni | Eixample

ELS ENCANTS [120 A5]

Auf Barcelonas ältestem und größtem Flohmarkt wird einfach alles verkauft, von Omas Schaukelstuhl über das Zehnerpack Baumwollsocken bis zum Kunstobjekt aus recyceltem Glas oder der Satellitenschüssel. Unter einem schicken Spiegeldach teilen sich knapp 300 Profihändler ein 15 000 m² großes Areal. Früh aufzustehen rentiert sich: Montags, mittwochs und freitags zwischen 8 und 9.30 Uhr versteigern Großhändler ihre Waren öffentlich! *Mo, Mi, Fr, Sa 9–20 Uhr | Meridiana, 69 (an der Plaça de les Glòries) | www.encantsbcn.com | Metro: L 1 Glòries, L 2 Els Encants | Sant Martí*

ESTACIÓ DISSENY [125 D3] Insider Tipp

Alle einsteigen, bitte! Dass der Designmarkt ausgerechnet in einer nostalgischen Bahnhofshalle Estació de

Coole Klamotten zu Kilopreisen gibt's im Flamingos Vintage

França sein Zuhause hat, ist kein Zufall. Hier probieren sich Barcelonas Jungdesigner aus, bevor sie mit Volldampf in die Zukunft starten. Ob aparte Filzhüte, Lampenschirme aus Glasflaschen, Uhren aus Vinyl oder süße Babyklamotten: (Fast) alles hat den Charme des Selbstgemachten. Dazu gibt's leckere Muffins, Cappuccino und coole Musik vom DJ. *Wechselnde Wochenenden Sa und So 11–21 Uhr | Avda. Marqués de l'Argentera, in der Bahnhofshalle Estació de França | www.facebook. com/estaciodissenybarcelona | Metro: L 4 Barceloneta | La Ribera*

FLAMINGOS VINTAGE

Coole Klamotten direkt aus den USA ab 13 Euro pro Kilo: Der Kultladen importiert große Mengen und lässt seine Kunden am Preisvorteil teilhaben. Ein hippes Hawaiihemd, T-Shirt oder eine 80er-Jahre-Bluse bekommen Sie ab 7 Euro. Wenn Sie bei den Schnäppchenpreisen genug gespart haben, können Sie sich vielleicht ein etwas teureres, dafür aber besonderes Stück aus der Dessous-Abteilung leisten: ein handgemachtes Seidenkorsett vielleicht oder ein Bustier aus den 1950er-Jahren? Die Geschäfts-

idee ist der Renner: Inzwischen eröffnen immer mehr Filialen in Barcelonas Szenevierteln. *Ferlandina, 20, Tallers, 31 und Tallers, 68 | Tel. 931 82 43 87 | Metro: L 1, L 2 Universitat | Raval* [108 B1]*; Avinyó, 24 | Metro: L 2 Liceu | Barrio Gótico* [108 C4]*; alle: Mo–Sa 11–21 Uhr | www.vintagekilo.com*

L'ENCANT DE GRÀCIA [112 C5]

In dem geräumigen Trödelladen in Gràcia können Sie in Ruhe stöbern, Schnäppchen machen und dabei noch Gutes tun: Der Erlös der Verkäufe geht in eine gemeinnützige Stiftung. Nehmen Sie sich Zeit, im Lagerraum steht noch mehr Gebrauchtes, oft sogar Antikes. Immer im Angebot sind Bücher und Videos ab 0,50 Euro, CDs, Geschirr, und Schmuck – alles nette Mitbringsel für zu Hause. *Mo 17–20.30, Di–Fr 11–13.30 und 17.30–20.30 Uhr, Aug. geschl. | Astúries, 44 | Tel. 934 16 09 84 | www.encantdegracia.com | Metro: L 3 Fontana | Gràcia*

LOVE VINTAGE [109 D2]

Nur ein paar Schritte von den Mainstream-Modeketten um Rambla und Plaza Catalunya entfernt und auch

preislich eine interessante Alternative. Wie wäre es mit Retroshorts von Adidas, einer 70er-Jahre-Levis-Jeans oder einer Bluse im Hippiestil? Hemden und Blusen ab 10, Kleider und Jeans ab 20 Euro. Dazu Schuhe, Hüte, Sonnenbrillen, Accessoires – Vintage vom Feinsten. *Mo–Sa 11.30–15 und 16.30–20.30 Uhr | Bertrellans, 7 | Tel. 931 92 42 36 | es.lovevintage.es | Metro: L 1, L 3 Catalunya | Barrio Gótico*

TWO MARKET [125 F2]

Reicht das Urlaubsgeld noch für den schicken Hut? Ist der Sonnenschirm noch drin im Budget? Dieser Flohmarkt macht es allen klammen Turbo-Shoppern leicht: Ob Hawai-Hemd, Schnellkochtopf oder Pippi-Langstrumpf-Buch – hier kostet alles nur einen Euro. Billiger geht's wirklich nicht. Vieles ist Ramsch, aber manchmal sind unter den Restposten von anderen Flohmärkten echte Schätze zu finden. Schnäppchenjäger kommen eine halbe Stunde vor Einlass und sichern sich so die beste Startposition. *Eintritt 1 Euro | jeden 1. So im Monat 10–17 Uhr | Zamora, 78 | www.twomarket.es | Metro: L 1 Marina | Sant Martí*

MODE

CASAS OUTLET [112 C4]

Schuhfans steigen bei der Fahrt zum Parc Güell eine Station früher aus: Der katalanische Fachhandel Casas

CLEVER!

> Tauschmärkte

Entsafter gegen Hochzeitskleid, Französisch-Buch gegen Taschenlampe: Wirtschaftskrise und Nachhaltigkeitswelle haben das Tauschprinzip in Barcelona populär gemacht. Ganz vorne mit dabei sind die Innenstadt-Viertel mit Alternativflair: Etwa alle drei Monate treffen sich Anwohner aus Gràcia auf der Plaça Virreina/Gràcia [119 D1] zum Tauschgeschäft, die Nachbarn aus Poble Sec veranstalten in unregelmäßigen Abständen auf der Plaça Sortidor [123 E2] den Mercat d'Intercanvi Trocasec. Eine nette Gelegenheit, etwas vom Alltagsleben im Viertel mitzubekommen. Termine finden Sie unter *www.intercanvis.net*.

hat sein Outlet nahe der U-Bahn-Station Lesseps. In den Regalen des schicken, postindustriell designten Ladens stehen unter anderem Auslaufmodelle von Vialis, Stiefeletten von Café Noir, Sportliches von Bikkembergs und Universaltreter der mallorquinischen Trendmarke Camper. Wie bei einem Outlet üblich, sind nicht immer alle Größen vorhanden; doch bei Preisnachlässen von mehr als 50 Prozent lohnt das Stöbern. *Mo–Fr 10–14 und 17–20.30, Sa 10–21 Uhr | Gran de Gràcia, 239 | Tel. 932 18 86 21 | www.ucasas.com | Metro: L 3 Lesseps | Gràcia*

DESIGUAL OUTLET [0]

Der Name – *desigual* heißt „ungleich" – ist hier Programm: Die ausgefallenen Kollektionen unterscheiden sich garantiert von allem, was sonst in Ihrem Schrank hängt, bunte Patchworkbekleidung zum Beispiel mit den verrücktesten Stoffkombinationen und kaum einem Quadratzentimeter mit weniger als drei Farben! Sie können beruhigt ein T-Shirt oder einen Rock aus der vorigen Saison tragen, keinem wird das auffallen: Das gefragte Label ist seit fast 35 Jahren seiner ausgeflippten Linie treu. Prima: Die Vorjahresmodelle sind 30 bis 50 Prozent herabgesetzt. *Mo–Sa 10–21 Uhr | Diputación, 323 | Tel. 932 72 34 61 | www.desigual.com | Metro: L 2, L 3 Passeig de Gràcia oder L 4 Girona | Eixample*

LEFTIES [124 B4]

Preiswertes Prêt-à-porter für Damen, Herren und Kinder: Lefties ist das billigste Glied der ohnehin nicht teuren spanischen Modekette Zara, mit eigenen Kollektionen für Damen, Herren und Kinder. Hier können Sie sich für wenig Geld neu einkleiden – solange Sie nicht erwarten, dass die guten Stücke ewig halten. Aktuelle Mode zum Abtragen: T-Shirts gibt es etwa ab 3, Kleider ab 12, Jeans ab 15, Mäntel ab 30 Euro. *Tgl. 10–22 Uhr | Einkaufszentrum Maremagnum, Moll d'Espanya, 5 | Tel. 932 25 85 72 | Metro: L 3 Drassanes | Barrio Gótico* [124 B4]; *Mo–Sa 10–21.30 Uhr | Pelai, 2–4 | Tel. 933 17 50 70 | Metro: L 1, L 2 Universitat | Ciutat Vella* [118 B5]

MANGO OUTLET [119 D5]

Mit dem Fabrik- und Resteverkauf der spanischen Erfolgsmarke be-

gann der Wandel der Carrer Girona zur innerstädtischen Outletmeile par excellence. Noch immer ist der ca. 600 m² große Laden die Nummer eins vor Ort: Er offeriert aktuelle Trends, Kollektionen aus der eben zu Ende gegangenen Saison und eine Auswahl an Basicteilen, bei denen man wenig falsch machen kann. Wer Geduld zum Wühlen hat, legt sich für wenig Geld eine neue Garderobe zu. T-Shirts gibt's ab 4, Hosen ab 15 Euro. *Mo–Sa 10–21 Uhr | Girona, 37 | Tel. 934 12 29 35 | www.mangoshop.com | Metro: L 1, L 4 Urquinaona, L 2 Tetuan | Eixample*

OYSHO

Lieben Sie schöne Dessous? Weiblich-verspielt, elegant, sexy oder vielleicht doch lieber sportlich-schlicht? Kein Problem, das können Sie sich leisten: Die Preise bei Oysho jedenfalls sind kaum zu unterbieten und die Modelle immer auf dem Stand der aktuellen Modetrends. Wen wundert es, dass die spanische Ladenkette ein Renner ist und inzwischen als Mango oder Zara der Unterwäsche gehandelt wird. Außerdem im Angebot sind hippe Hauskleidung,

Taschen, Schals und andere Accessoires. Trendige Beachwear ist ab 10 Euro zu haben, Miederwaren gibt's ab 8, Nachtwäsche ab 22, Morgenmäntel ab 18 Euro. *Mo–Sa 10–20 Uhr | Rambla Catalunya, 75 | Tel. 934 87 49 80* [118 B4] *| Passeig de Gràcia, 67 | Tel. 934 67 33 67* [118 C3]*; beide Metro: L 2, L 3, L 4 Passeig de Gràcia | Eixample; Portal de l'Àngel, 15–17 | Tel. 933 01 23 37 | Metro: L 1, L 3 Catalunya | Barrio Gótico* [109 D2]

SKUNKFUNK OUTLET [125 D1]

Erste Anlaufstelle für trendbewusste Thirty-Somethings auf der Suche nach urbaner Street- und Clubmode ist Skunkfunk. Das baskische Label ist eine der international erfolgreichsten jungen, spanischen Modefirmen. Die multifunktionalen Teile mit den meist asymmetrisch verlaufenden Reißverschlüssen und Nähten können süchtig machen und kosten im firmeneigenen Outlet gut die Hälfte. Wenn Sie Glück haben, ergattern Sie einen Rock oder eine Hose vom Kultlabel für nur 15 Euro. Im weitläufigen Untergeschoss gibt es Restbestände aus den Vorjahreskollektionen sowie andere Schnäppchen. *Mo–Sa 11–20.30 Uhr | Ronda de Sant Pere, 31 | Tel. 934 63 83 95 | www.skunkfunk.com | Metro: L 1, L 4 Urquinaona | Eixample*

ZARA [118 C5]

Das spanische Label Zara gilt längst als internationaler Trendsetter für aktuelle Prêt-à-porter-Mode. Oft und schnell neue Modelle und Linien zu kreieren ist eine Stärke der Textilkette. Weil die Kollektionen nur in firmeneigenen Läden vertrieben werden, sind sie in Spanien deutlich günstiger als in anderen europäischen Ländern. Hosen, Blusen oder Hemden sind ab 20, T-Shirts ab 18, Jacken ab 50 Euro zu haben. Alle Filialen in Barcelona auf der Website *www.zara.com. Mo–Sa 9.30–21/22 Uhr | Passeig de Gràcia, 16 | Tel. 933 18 76 75 | Metro: L 1, L 3 Plaça Catalunya | Eixample*

MUSIK & BÜCHER

Insider Tipp

DAILY PRICE

Barcelonas Metro bringt Sie nicht nur zuverlässig zu Sagrada Familia und Rambla – auf dem Weg dahin können Sie beim Umsteigen auch einen besonderen Secondhandladen besichtigen. Ob gebrauchte CDs, DVDs oder Videospiele, von hip über klassisch bis schräg: Wer im Untergrund der City sucht, der findet – zu Dumpingpreisen – CDs und DVDs ab etwa 1, Videospiele ab 4,90 Euro. *Mo–Sa 10–21 Uhr | Metrostation Universitat | Tel. 933 42 48 60 | Metro: L 1, L 2* [118 B5]*; Mo–Sa 9–20.30 Uhr | Metrostation Sagrada Familia | Tel. 934 46 41 97 | Metro: L 2, L 5* [108 C3]*; www.daily-price.es*

RE-READ

Sie haben den Urlaubsschmöker im Flugzeug liegen lassen? Im Internet können Sie recherchieren, ob der Titel vielleicht bei einer der neun Filialen dieses Gebrauchtbuchhändlers vorhanden ist. Wenn nicht, finden Sie vor Ort würdigen Ersatz. Die Preise machen es Ihnen leicht: Ein Buch kostet 3, zwei 5 und fünf 10 Euro. *Gut sortierte Filialen: Gran Via, 564 | Mo–Sa 10.30–14.30 und 16.30–20.30 Uhr | Tel. 934 53 53 09 | Metro: L 1, L 2 Universidad | Eixample* [118 A5]*; Passeig Sant Joan, 152 | Mo–Fr 10.30–20.30, Sa 10.30–14.30 und 16.30–20.30 Uhr | Tel. 931 41 19 53 | Metro: L 4 Joanic/ Sagrada Familia* [119 D2] *| Internetrecherche über www.re-read.com*

CUSTO OUTLET [108 C3]

Mit seinen leuchtenden Multikulti-T-Shirts schaffte Custo Dalmau in den 1990er-Jahren den internationalen Durchbruch. Inzwischen entwirft der Kultdesigner aus Barcelona ganze Kollektionen für seine Fashion Stores überall auf der Welt, Kleidungsstücke wie Puzzles aus den unterschiedlichsten Farben, Mustern und Texturen. Im Custo Outlet an einem der schönsten Altstadtplätze Barcelonas legen Sie für die hippen Hemden bis zu 70 Prozent weniger auf den Ladentisch! Ein Kleid aus älteren Kollektionen, das vorher fast 300 Euro gekostet hat, können Sie auch schon mal für 45 Euro ergattern! *T-Shirts und Hemden ab 19 Euro | Mo-Sa 10–21, So 12–20 Uhr | Plaça del Pi, 2 | Tel. 933 04 27 53 | www.custo-bar celona.com | Metro: L 3 Liceu | Barrio Gótico*

EXTART & PANNO [119 D5]

In jeder Frau versteckt sich eine Diva, zumindest kommt sie zum Vorschein, wenn sie in ein Extart-&-Panno-Kleid schlüpft: Elegant-feminine Abendmode ist das Markenzeichen des 1988 gegründeten spanischen Designlabels. Im Factory Store in Barcelona gibt es edle Einzelstücke mit bis zu 50 Prozent Rabatt. Ein bodenlanges Kleid aus weich-fließendem, weinrotem Satin im Empirestil kostet dann statt 290 nur 145 Euro. Der Laden bietet auch eine begrenzte Kollektion Businessmode, allerdings überwiegend in kleinen Größen. *Mo-Sa 10.30–20.30 Uhr | Girona, 40 | Tel. 933 00 62 22 | www.etxartpanno. com | Metro: L 1, L 4 Urquinaona, L 2 Tetuan | Eixample*

LA ROCA VILLAGE [0]

Mit einer halben Stunde Fahrt müssen Sie schon rechnen, aber für Fashion Victims lohnt die Anfahrt auf jeden Fall: Von Armani bis Zadig & Voltaire – in den über 130 Shops des Outlet-Dorfes finden Sie Designklamotten für jeden Geschmack, manchmal bis zur Hälfte des Preises! Wer sich fahren lassen will, nimmt den *Shopping Express ab Passeig de Gràcia, 6 (tgl. 9, 10, 11, 12, 14, 15 Uhr, Hin-und Rückfahrt 20 Euro, zu buchen über Tel. 932 85*

LUXUS LOW BUDGET

38 32). La Roca Village, 08430 Santa Agnès de Malanyanes (La Roca del Vallès), über A 7, Ausfahrt 12 A | Tel. 938 42 39 39 | tgl. 10–21 Uhr | www.la rocavillage.com | Sagrada Familia

PALO ALTO MARKET [127 D3]

Insider Tipp

Für Ihn gibt's Bartwachs und lässige Umhängetaschen aus Biofilz, für Sie Bohème-Mode von Barcelonas Independent-Designern, und der Nachwuchs freut sich übers Origami-Windspiel und schön designtes Holzspielzeug. In den Food Trucks brutzeln vegane Burger, dazu gibt's Musik von handverlesenen DJs. Hipster-Herz, was willst du mehr? Schon der Ort ist außergewöhnlich: eine riesige, von Barcelonas Stardesigner Xavier Mariscal mit üppigem Grün bepflanzte, zum Kreativzentrum umgestaltete Fabrikanlage. Der Chef des Hauses beglückt die Besucher regelmäßig mit seiner Paella. Unbedingt probieren! Schnäppchen finden Sie natürlich auch. Vielleicht ein Sweatshirt von Smooooth Clothing für 40 bis 50 Euro statt 180? Eintritt 3 Euro | am 1. Wochenende im Monat Sa, So 11–20 Uhr | Carrer dels Pellaires, 30–38 | Tel. 931 59 66 70 | www.paloaltomarket.com | Metro: L 4 Selva de Mar | Poble Nou

THE OUTLET BORN [109 C4]

Hier sind Sie richtig, wenn Sie internationale Modemarken wie Dolce & Gabbana, Versace, Momo, Armani oder Loewe, aber auch alternative Labels wie Zona Brera, Nosit oder Olyo suchen, aber nicht soviel zahlen wollen. Die Modelle aus Vorjahreskollektionen oder Schaufenstern sind um 20 bis 40 Prozent herabgesetzt. Auf nationale Labels wie die Menorquiner Ledermarke Patricia gibt es sogar bis zu 50 Prozent Rabatt, eine lange Lederjacke kostet Sie dann vielleicht nicht mehr 360, sondern nur noch 180 Euro. Krönen Sie Ihren Einkauf mit einer Tasse Kaffee oder einem kühlen Glas Cava: Sie befinden sich mitten im Kreativviertel El Borne mit seinen bezaubernden Cafés, Bars und Plätzen. Mo 17–20.30, Di–Fr 11–15 und 16–20.30, Sa 11–21 Uhr | Bonnaire, 5 | Tel. 932 68 77 99 | www. theoutlet-barcelona.com | Metro: L 4 Jaume I | El Borne

> In Clubs und Bars geht es erst nach Mitternacht so richtig los – doch dann wird die Nacht umso heißer

Wenn es dunkel wird, ticken die Uhren in Barcelona anders als im Norden Europas, zumindest für Nachtschwärmer. Konzerte und Theater fangen nach 21 Uhr an, ins Kino geht man in der Regel lieber erst gegen 22 Uhr, sodass die Rushhour in den Bars meist zur Geisterstunde, also ab Mitternacht beginnt. In den Clubs und Discos geht es dann nach 2 Uhr richtig los. Das Nachtleben ist vielfältig, mit Highlights für jeden Geschmack und Geldbeutel. Nicht nur Businessleute und betuchte Boheme tummeln sich zu später Stunde in der Trendstadt, sondern auch immer mehr Studenten und junge Wel-

tenbummler, die das Nachtleben alternativ prägen, besonders in angesagten Vierteln wie Gràcia, Poble Sec, Raval oder Poble Nou. Aber selbst in die hippsten Clubs der Metropole führen oft budgetschonende Wege. Wie Sie günstig oder sogar umsonst reinkommen, verraten wir Ihnen in diesem Kapitel. Ein wichtiger Tipp schon vorweg: Achten Sie überall in der Altstadt auf Flyer, die oft in Bars, Geschäften oder in Hostels ausliegen. Mitnehmen lohnt sich: Dafür bekommen Sie Ermäßigungen, Freigetränke oder sogar Gratistickets für die angesagten Clubs und Discos. Und nun viel Spaß!

NACHT LEBEN

BARS & KNEIPEN

33/45   **[108 B2]**

Auf Ihren Cocktail müssen Sie schon eine Weile warten, der Kellner lässt sich gerne Zeit. Aber das ist nicht weiter schlimm: Die ausladenden Ledersofas und -sessel sind sehr bequem. Hier hat sich schon manche Liebesgeschichte angebahnt. Die Mojitos sind großzügig eingeschenkt und kosten 5 Euro, der Mescal auch. Auch Livekonzerte! *Mo–Do 10–1.30, Fr und Sa 10–3, So 10–24 Uhr | Joaquín Costa, 4 | Tel. 931874138 | Metro: L 3 Liceu oder L 1, L 2 Universitat | http://3345.struments.com | Raval*

Insider Tipp

BAR CANIGÓ   **[119 D1]**

Wer genug durchgestylte Lounge-Clubs und trendige Bars in Barcelona gesehen hat und gern wüsste, wie eine echte katalanische Kneipe von innen aussieht, der ist im Canigó goldrichtig. Hier treffen sich die Bewohner des Gràcia-Viertels schon seit 1922 zum Kaffee, Wermut oder Bier. An der Einrichtung hat sich seither wenig geändert: Billardtische, Bilderrahmen mit alten Fotos, die Tischplatten sind aus Marmor und die Holzstühle leider nicht allzu bequem. Aber meistens trinkt man sein Glas ohnehin im Stehen, denn die Bar ist abends oft sehr voll und laut. Bei gutem Wetter kann das Ganze auch auf der Terrasse stattfinden. Vernünftige Preise. *Sandwich 3, Bier, Wein, Wermut 2, Drinks 5 Euro | Mo–Do 10–2, Fr, Sa 20–3 Uhr | Verdi, 2 | Tel. 932133049 | Metro: L 3 Fontana | Gràcia*

BAR DEL TEATRENEU [119 D1]

Man merkt dieser Bar auf Anhieb ihre Theaternähe an: Die stadtbekannten Bühnen (drei Säle) des Teatreneu mit Vorstellungen ab 10 Euro *(www.tea treneu.com)* sind im selben Gebäude untergebracht wie die urig-gemütliche Kneipe mit Bohemeflair, Emporen, Bücherregalen und kuriosen Bildern. Hier kann man lesen, klönen, die letzte Theatervorstellung kommentieren oder einfach abhängen. Wer dabei Appetit bekommt, kann Tapas und andere Kleinigkeiten bestellen. Günstige Tapas-Menüs für vier Personen kosten etwa 18 Euro. *Glas Wein oder Bier 2, Longdrinks 5,80 Euro | Mo–Mi 19–1, Do 19–3, Fr und Sa 18–2, So 18–1 Uhr | Terol, 26–28 | Tel. 932 84 48 96 | www.barteatreneu. com | Metro: L3 Fontana | Gràcia*

CHATELET [119 D1]

So könnte es im Wohnzimmer eines befreundeten Designers und Flohmarktfreaks aussehen: Das Chatelet ist eine der beliebtesten Bars des Gràcia-Viertels, unprätentiös eingerichtet mit einem Touch von Boheme. Aufgelegt wird aktuelle Musik in erträglicher Lautstärke. Neben guten Mojitos gibt es auch eine Speisekarte

mit Kleinigkeiten wie Panini zu 3,50 bis 4,50 Euro. *Bier ab 2 Euro, Cocktails 3,50–4 Euro (Fr, Sa ab 22 Uhr 5,50 Euro) | tgl. 18–2.30 Uhr | Torrijos, 54 | Tel. 932 84 95 90 | Metro: L3 Fontana | Gràcia*

L'OVELLA NEGRA [108 C1]

Die rustikale Taverne liegt nur ein paar Schritte von der Rambla entfernt. Hier treffen sich junge Leute aus aller Welt auf einen Drink – besonders am Wochenende wird es rappelvoll und laut, aber gute Stimmung ist garantiert. Auch die günstigen Getränkepreise machen Laune, und gegen den kleinen Hunger gibt es leckere Snacks wie mit Wurst und Käse belegtes kräftiges Landbrot. Zur Happy Hour (17–20 Uhr) zahlt man weniger für Sangría und Co.! Fußballfans aufgepasst: Beim Public Viewing der Champions-League-Spiele bleibt keine Bank frei… *Snacks 4–6 Euro | Mo–Fr 9–3, Sa, So und im Aug. 17–3 Uhr | Sitges, 5 | Tel. 933 17 10 87 | www.ovellane grabcn.com | Metro: L1, L3 Catalunya | Raval*

LUPARA [109 E3]

Diese kleine, aber feine Szenebar mit Terrasse lockt in der Kneipenmeile

---

Bild: Leckere Häppchen, nicht nur für Theaterbesucher – Bar del Teatreneu

um die Markthalle Santa Caterina herum. Im Lupara nimmt die Boheme gern einen gepflegten Drink, bei gutem Wetter auf der Terrasse mit Blick auf einen kleinen, stimmungsvollen Altstadtplatz. Die Cocktailpreise sind angemessen, denn die Gin Tonics gehören zu den besten im Viertel und sind ihr Geld Schluck für Schluck wert. Kenner wählen die wöchentliche Spezialkreation. *Gin Tonic ab 8, Bier ab 2, Wein ab 2,50 Euro | tgl. 12–24, Fr und Sa bis 3 Uhr | Plaça de Santa Caterina, 2 | Tel. 933 10 50 19 | www.lupara.cat | Metro: L 4 Jaume I | Santa Caterina*

CLEVER!

> **Low-Budget-Tipps im Netz**

Dass sich Barcelona längst zur teuren Trendstadt gemausert hat, heißt noch lange nicht, dass Besucher mit schmalem Budget auf das nächtliche Ausgehvergnügen verzichten müssen. Informieren Sie sich online, welche Bar Livemusik günstig anbietet und wo die Drinks auch Ihrem Geldbeutel gut bekommen. Bewährte Quellen sind *www.forfree.cat* und die Tipps von Locals auf *www.likea localguide.com*.

MANOLO BAR [108 B4]

In einer ansonsten eher düsteren Gasse des Raval liegt diese sympathische Bar zum Abhängen. Sie ist ein beliebter Skatertreff mit originellem Interieur Marke Flohmarkt und Recycling. Alles kreist ums Skaten, von an die Wand projizierten Videos bis zur Getränkekarte in Form eines aufgehängten Skateboards. Das Ambiente ist locker, die Bedienung nett, und die Drinks sind frisch gemixt, kein fertiger Fusel aus der Flasche. *Wein 1,50, Bier 1, Longdrink 5 Euro | Do–Sa 22–2.30 Uhr | Lancaster, 3 | Tel. 934 12 12 85 | Metro: L 3 Drassanes oder Liceu | Raval*

NEVERMIND

Graffitis, Grunge, Punkrock, die Wände zugenagelt mit bunten Skateboards, sogar eine Halfpipe-Rampe im hinteren Teil der Kneipe – einfach alles, was das alternative Skaterherz begehrt: Das Lokal im Gotischen Viertel hat seit Jahren Kultstatus. Inzwischen ist ein zweites Nevermind im Raval dazu gekommen, zwei Minuten entfernt von den Skatertreffs am Museum für Zeitgenössische Kunst und auf der Plaça Universitat: derselbe Stil, nur alles größer, auch

NACHTLEBEN

die Bowlrampe. Die Preise dagegen sind in beiden Kneipen erfreulich klein geblieben. Vor 22 Uhr ist Happy Hour, da kostet das Bier 1,50, der Liter Cocktail 9 Euro. Spezialität des Hauses: Mojito! 🐷 Popcorn gibt es den ganzen Abend gratis. *Tgl. 19–2.30, Fr und Sa bis 3 Uhr | Escudellers Blancs, 3 | Metro: L 3 Drassanes | Barrio Gótico* [108 C4]*; tgl. 16–2.30, Fr und Sa bis 3 Uhr | Tallers, 68 | Metro: L 1, L 2 Universitat | Raval* [108 C1]*; aktuelle Infos: www.facebook.com/NevermindBcn*

OLIMPIC [108 B1]

Man nehme: ein ambitioniertes Team mit Faible für mexikanischen Kitsch und kombiniere ihn mit dem lädierten Charme der typischen Eckkneipe. Fertig ist der ideale Startpunkt für eine Nacht im Raval! Die Mischung aus Modernem, Vintage und Retrolook lockt Alteingesessene, Bohemiens und Hipster gleichermaßen an, oft ist es proppenvoll. Kein Wunder, bei guter Stimmung und äußerst günstigen Preisen! *Bier 2, Snacks ab 3 Euro | Di und Mi 18–1.30, Do 18–2.30, Fr und Sa 18–3 Uhr | Joaquín Costa, 25 | Metro: L 2 Sant Antoni | Raval*

QUIMET BAR BODEGA [118 C1]

Die Leuchtreklame mit 50er-Jahre-Charme verrät's: Diese Bodega hat Tradition und ist Stammkneipe für junge und alte Nachbarn. Die Einrichtung der populären Bar im Boheme-Viertel Gràcia ist schlicht und rustikal: Bistrotische, Regale voller Flaschen, verstaubte Weinfässer. Die hausgemachten Tapas sind gut und günstig (ab 3,10 Euro), besonders beliebt die eingelegten Anchovis und der *Pulpo a la gallega.* Familiäres Ambiente und budgetschonende Preise. *Glas Hauswein vom Fass 1,20, Wermut vom Fass 1,50, Bier 2 Euro | Mo–Fr 10–24, Sa und So 10–16.30 und 18.30–24 Uhr | Vic, 23 | Metro: L 3 Fontana | Gràcia*

RESOLIS [108 B2]

Das Resolis verströmt das ramponierte Flair vergangener Zeiten und gehört zu den wenigen Szenelokalen, denen man ihre modernistischen Anfänge noch ansieht. Einfach, rustikal und locker läuft hier alles ab, man sitzt mitten drin im Alltagsleben des Raval-Viertels – vor allem, wenn die Straßenterrasse geöffnet ist. Zu Bier und Wein gibt es Yucca-

Chips, Humus oder arabische Teigtaschen mit Fleisch- und Minzfüllung, so wie sich das für ein Multikulti-Viertel gehört. Auch Biowein. *Tapa ab 4, Bier 2, Wein ab 2,50 | tgl. 18–24, Sa bis 2 Uhr | Riera Baixa, 22 | Tel. 934 41 29 48 | Metro: L 2 Sant Antoni | Raval*

ROSA DEL RAVAL   [108 B2]

Die Cocktailbar im mexikanischen Restaurant (mit günstigem Mittagsmenü für 9,90 Euro) mitten in der Altstadt trifft möglicherweise nicht jedermanns Geschmack: moderner mexikanischer Kitsch, bunt und funky. Aber auf jeden Fall lohnt es sich, auf einen der hausgemachten Margaritas oder Mojitos vorbeizuschauen, hier bekommen Sie bestimmt keinen Fertigmix. Die Musik passt zur Deko: klassischer Latin Sound und karibische Rhythmen.  *Mojitos und Margaritas 3,90*, alle anderen Cocktails 5,90 Euro | Mo–Do 13–24, Fr 13–1, Sa 12.30–1, So 12.30–24 Uhr | Carrer dels Àngels, 6 | Tel. 933 04 26 81 | www.rosaraval.com | Metro: L 3 Liceu oder L 1, L 3 Catalunya | Raval*

XAMPANYET   [109 E4]

Die traditionelle Taverne ist eine Institution in Barcelonas Altstadt – deshalb auch meist gerammelt voll. Die Lage in der mittelalterlichen Museumsgasse Montcada macht die Bar zu einer beliebten Anlaufstelle für Kulturtouristen, aber auch Einheimische schauen gern mal kurz vorbei auf ein Gläschen vom hausgemachten Perlwein Xampanyet, der dem Lokal seinen Namen gab. Hier können Sie in eine lange Nacht starten oder einfach einen Drink zwischendurch zu sich nehmen – meist im Stehen, die wenigen Stühle sind schnell besetzt. *Oliven 2, Glas Xampanyet 1,80, Wein 2,80 Euro |*

CLEVER!

❯ Barcelona Nightcard

Günstiger geht's kaum: Sie kaufen für 20 Euro die „Barcelona Nightcard" und kommen gratis in viele der angesagten (sonst teuren) Clubs und Discos – und das sieben Nächte lang! Man bekommt die Karte an verschiedenen Verkaufsstellen: im Fremdenverkehrsamt (S. 11), an Kiosken, in Hotels oder Einkaufszentren wie Corte Inglés ... *www.barcelonanightcard.com*

Di–Sa 12–15.30 und 19–23, So 12–15.30 Uhr | Montcada, 22 | Tel. 933 19 70 03 | Metro: L 4 Barceloneta | La Ribera

JAZZCLUBS

HARLEM JAZZ CLUB [109 D4]

Seit über 30 Jahren hat sich dieser Jazzclub im Herzen der Altstadt einen Namen gemacht, besonders (aber nicht nur) unter eingefleischten Jazz- und Bluesliebhabern. Das Programm reicht von Brasil-Jazz bis hin zu Rock und Flamenco. Das Stammpublikum ist bunt gemischt, die Bühne mit interessanten Musikern besetzt, und das zu einem günstigen Eintrittspreis, der zudem auf ein Getränk angerechnet wird. *Eintritt 7–10 Euro | meist Di–So ab 22 Uhr, häufig Livemusik | Comtessa de Sobradiel, 8 | Tel. 933 10 07 55 | www.harlemjazzclub.es | Metro: L 4 Jaume I | Barrio Gótico*

JAMBOREE [108 C4]

In diesem legendären Club traten schon Jazzgrößen wie Chet Baker und Ella Fitzgerald auf. Bis heute ist das Musikprogramm das hochkarätigste seiner Art in der Stadt – und angesichts der Qualität sogar ausgesprochen günstig. Tipp: Montag ist Spartag, dann gibt es um 20 Uhr eine Jamsession für 5 Euro (online 4 Euro). Auch bei Konzerten lohnen ein paar Clicks im Internet: Online gibt es die Karten bis zu 3 Euro günstiger. Ihnen ist eher nach Tanzen zumute? In der Hausdisco gibt es exzellenten R & B, Funk, Hip-Hop und House – und wenn Sie Sonntag bis Mittwoch kommen, zahlen Sie mit 5 Euro nur die Hälfte des Eintrittspreises. Wer Glück hat, erhascht einen Flyer mit Discount oder stöbert auf Facebook: Denn dann gibt es den Sparpreis manchmal auch am Wochenende – und am Wochenanfang zahlen Sie gar nichts (freier Einlass jeweils bis 2.30 Uhr). *Eintritt Jamsession 4–5 Euro | tgl. Liveauftritt um 20, an manchen Tagen 20 und 22 Uhr, Disco Mo bis So ab 0.30, Einlass zu Sonderkonditionen bis 2.30 Uhr | Plaça Reial, 17 | Tel. 933 04 12 10 | www.masimas.com | Metro: L 3 Drassanes | Barrio Gótico*

JAZZ SÍ CLUB [108 A1]

Insider Tipp

Ein Mekka für Musikbesessene mit Qualitätsanspruch: Der kleine Club in einer schmalen Gasse des Raval gehört zum Taller de Músics, einer

privaten Musikschule, die sich vornehmlich auf Jazz- und Popmusik spezialisiert hat. Jeden Abend finden Konzerte und Jamsessions statt, von Jazz über Flamenco und Rock bis hin zu der gerade in Barcelona hippen Rumba Catalana. Der Eintritt ist mit 6 bis 10 Euro fair bemessen, vor allem, weil der Preis voll auf das erste Getränk angerechnet wird. *Tgl., Öffnungszeiten variieren | Requesens, 2 | Tel. 933 29 00 20 | www.tallerdemusics.com | Metro: L 2 Sant Antoni | Raval*

LIVEMUSIK, CLUBS & DISCOS

Insider Tipp

BAR ROBADORS 23 [108 B3]

Eine leuchtende 23 weist den Weg. Keine Angst! Auch wenn das Umfeld danach aussieht: Sie betreten kein Bordell, sondern einen Club für Kenner. Die Kneipe ist klein und intim, auf der Minibühne gibt es täglich Livemusik: Blues, Jazz und häufig Flamenco – authentisch und ganz ohne Touristen-Chichi und falsche Rüschenromantik. Das aktuelle Programm wird einfach auf einer Tafel vor der Eingangstür angeschlagen und ins Netz gestellt. *Eintritt 3–4, Tapa oder Empanada 1,50, Bier 2,*

Mojito oder Caipirinha 4,50 Euro | tgl. 19–3 Uhr | Carrer d'En Robador, 23 | www.23robadors.wordpress.com | Metro: L 3 Liceu | Raval

BIG BANG BAR 🐷 [108 A2]

Wer sich einen kostenlosen Überblick über die lokale Musikszene verschaffen will, kommt mittwochs: Bei der Konzertreihe "Raval Music" stehen Barcelonas Newcomer auf der Bühne der kleinen schlauchartigen Altstadtbar. Der Besuch lohnt aber auch an anderen Tagen. Donnerstags und sonntags können Sie beim Open Mic selbst zum Mikro greifen. Wer weiß, vielleicht werden Sie ja entdeckt und zur Mittwochsession eingeladen, als barcelonesischer Nachwuchsstar. *Eintritt frei, Snack 2,50, Bier ab 2,20, Longdrink ab 6 Euro | Mi–So ab 20.30 Uhr | Botella, 7 | Tel. 934 43 28 13 | www.bigbangbarcelona.com | Metro: L 2 Sant Antoni | Raval*

Insider Tipp

DEPÓSITO LEGAL 🐷 [108 C2]

Dies ist kein durchgestylter Club, eher schlicht, aber seit 1985 ein alternativer Dauerbrenner mit zuverlässig gutem Musikprogramm – und gratis! Keine der fast täglich stattfin-

denden Konzerte und DJ-Sessions kostet Eintritt. In der Bar kann man sich in Ruhe mit Freunden unterhalten und Musik hören – Pop, Rock, hauptsächlich alternative Musikstile. Angebote gibt es nicht nur zum Hören, sondern auch zum Sehen: Hier stellen wechselnde Künstler der Off-Szene ihre Kreationen aus. Etwas außerhalb gelegen, aber per Metro gut zu erreichen – der Weg lohnt sich. *Eintritt frei | tgl. 19–3*

Uhr | Santa Anna, 14 | Tel. 933 37 76 16 | www.depositolegal.com | Metro: L 1 Avinguda Carrilet | L'Hospitalet del Llobregat

EL COLLECCIONISTA [119 D1]

Gleich auf den ersten Blick wird klar, worum es hier geht: Die Wände hängen voll mit den verschiedensten Musikinstrumenten. Überhaupt fühlt man sich in dem kleinen, mit Hockern und Sitzpuffs vollgestellten

CLEVER!

› Günstig bis gratis in Top-Clubs

Wenn Sie Lust haben, können Sie in Barcelona von Montag bis Sonntag durchfeiern in den exklusivsten Clubs der Stadt – und zwar zu erheblich reduzierten Preisen oder ganz ohne Eintritt zu zahlen. Sie müssen sich nur auf die richtigen Gästelisten setzen lassen! Zu den populärsten gehört die Shaz-Gästeliste auf *barcelonaparties.com.* Wer sich dort anmeldet, gehört bei mehr als 40 Partys zum Club der Erlauchten und wird vom Türsteher durchgewunken. Auch auf *www.zonadeluxe.com* und *www.eventos-barcelona.com* (auf Reiter *„discotecas",* dann *„listas"* kli-

cken) können Sie sich auf die VIP-Liste setzen lassen, und zwar für jeden einzelnen Wochentag – inklusive der gefragten Tage am Wochenende. Unter letzterer Adresse gibt es online auch Ermäßigungen für Konzerte und Co. Achtung: Die Einladungen gelten immer nur exakt für die angegebene Uhrzeit, meist zwischen Mitternacht und 2 Uhr. Wer später kommt, muss also Eintritt zahlen, oft bis zu 20 Euro. Stellen Sie sich also besser etwas früher in die Warteschlange, sonst riskieren Sie, dass Sie die Kasse nicht rechtzeitig passieren.

Lokal eher wie in einem gemütlichen Proben- oder Partykeller. Die Drinks sind nicht billig, dafür aber fast alle 🐷 Livekonzerte gratis – ein faires Angebot. Die Stilrichtungen reichen von Folk bis Electronic, aufgelegt wird vor allem Indie, Pop Rock und Alternativ. *Eintritt oft frei, aber nie mehr als 6 Euro, Bier und Wein 3, Drinks 6,50 Euro | Do–Sa 21–3 Uhr | Torrent de les Flors, 46 | Tel. 932 19 13 80 | www.facebook.com/el.collec cionista/events | Metro: L 4 Joanic | Gràcia*

HELIOGÀBAL [119 D1]

Insider Tipp

Ein Livekonzert im Heliogàbal gilt als einer der coolsten Tipps für eine lange Nacht im Gràcia-Viertel. Wer sich einen Eindruck von Barcelonas Off-Kultur verschaffen will, ist hier richtig. In dem überschaubaren Kneipenraum mit Kelleratmosphäre und Undergroundfeeling tummeln sich Musikbegeisterte und Kreative. Das Programmspektrum reicht von Folk bis Punk und Hardrock in kleiner Besetzung – zu günstigen Eintrittspreisen. Wer online bucht, spart bis zu 3 Euro. *Konzerteintritt 5–10, Bier 2,50 Euro | Do–Sa ab 21.30 Uhr, Konzerte an verschiedenen Ta-*

gen, siehe Web | Ramón i Cajal, 80 | Tel. 936 76 31 32 | www.heliogabal. com | Metro: L 4 Joanic | Gràcia

LOS TARANTOS [108 C4]

In diesem Tablao sind in den letzten 50 Jahren schon viele Größen des Flamenco aufgetreten: von Antonio Gades bis Duquende. Barcelona ist nach Andalusien und Madrid eine Hochburg der populären spanischen Musik. Vorsicht: Die Getränke sind teuer (Bier ab 4, Drinks ab 8 Euro), aber man muss nichts bestellen! Nach den Konzerten wird der Saal geräumt und gegen Mitternacht als Disco wieder geöffnet. Der Eintritt kostet 10 Euro, aber ==wer auch sonntags bis mittwochs die Nacht zum Tag machen kann, zahlt nur die Hälfte== *(s. auch Jamboree, S. 75)*. Der poppig-rockige 80er- und 90er-Jahre-Sound vertreibt Gedanken ans frühe Aufstehen ohnehin schnell. Mit Flyern, die häufig auf der Rambla oder der Plaça Reial verteilt werden, kommen Sie günstiger auf die Tanzfläche. *Konzerteintritt 15 Euro | tgl. mehrmals Flamenco für je 30 Minuten: Juni–Sept. 19.30, 20.30, 21.30, 22.30; Okt.–Mai 19.20, 20.30, 21.30 Uhr | Plaça Reial, 17 | Tel. 933 19*

Insider Tipp

Berühmte Bühne für die großen Flamenco-Stars: Los Tarantos

1789 | www.masimas.com | Metro: L 3 Drassanes | Barrio Gótico

MAUMAU UNDERGROUND [123 F3]

Das Maumau Underground ist eine gefragte Loungebar und Chill-out-Treff im geräumigen Loft eines ehemaligen Fabrikgebäudes im Poble Sec. Die Einrichtung ist lässig minimalistisch, die Atmosphäre entspannt – nur bei den auf zwei Großleinwänden übertragenen Champions-League-Spielen kann's hitziger zugehen. Wem es hier so gut gefällt, dass er zum Wiederholungstäter wird, der sollte für 12 Euro im Jahr die Clubkarte erstehen. Mitglieder erhalten neben einem Begrüßungsbier einen Euro Rabatt und nehmen an monatlichen Verlosungen von insgesamt 50 Konzertkarten teil. Spezialität des Hauses sind die Gin Tonics. Sie haben mehr als 35 Ginsorten und 20 verschiedene Wodkaspezialitäten zur Auswahl. *Eintritt frei, Gin Tonic 6 (Clubmitglieder 5), Bier 3 (Clubmitglieder 1,50) Euro | Do–Sa 21–2.30 Uhr | Fontrodona, 35 | Tel. 934 41 80 15 | www.maumaunderground. com | Metro: L 3 Paral.lel | Raval*

SALA APOLO   [108 A4]

Das altmodische Ballhaus mit seinen nostalgischen Deckenlampen ist eine der hippsten Adressen im Nachtleben Barcelonas: Die zwei Säle bieten ein hochkarätiges Musikprogramm mit Konzerten, Partys und DJ-Sessions, vor allem mit Electro, Indie, Postpunk oder Rock. Am Wochenende wird aus der Sala Apolo der Nitsa Club mit aktuellen Musiktrends. Normalerweise kostet der Eintritt zwischen 10 und 18 Euro (inklusive Getränk). Aber 🐷 an zwei Tagen in der Woche kommen Sie umsonst über die Shaz-Gästeliste *(barcelonaparties.com)* in den Club: am Dienstag zum Crappy Tuesday und am Donnerstag zum Cupcake! Fans legen sich den Mitgliedsausweis „Apolo113" und erhalten damit am Tresen und in einer Handvoll Plattenläden Rabatt! *Sala Apolo tgl. verschiedene Veranstaltungszeiten, Nitsa Club Fr und Sa ab 0.30 Uhr | Nou de la Rambla, 113 | Tel. 934 41 40 01 | www.sala-apolo.com und www.nitsa.com | Metro: L 3 Paral.lel | Raval*

SALA MONASTERIO   [125 F4] Insider Tipp

Nein, die schicke Partymeile bei den Olympischen Türmen am Strand ist nicht ausschließlich das Revier stöckelschuh- und slipperbewehrter Ladies und Gentlemen. Auch Rocker, Reggaefans und Jazzliebhaber haben hier ein Zuhause. Mit ihrem Kellercharme ist die geräumige Location genau das richtige Habitat für Headbanger und Freunde anderer zu Hüftbewegungen verleitender Sounds. 🐷 Sonntags, dienstags und donnerstags ist der Eintritt gratis, sonst liegt er bei 5 Euro. Nur wenn bekannte internationale Künstler auftreten, wird es teurer. Das Programm finden Sie auf Facebook. Dort können Sie sich für manche Events auch mit Rabatt anmelden: *facebook.com/sala.monasterio. Moll de Mestral, 30 | Tel. 616 28 71 97 | Metro: L 4 Ciutadella | Vila Olímpica*

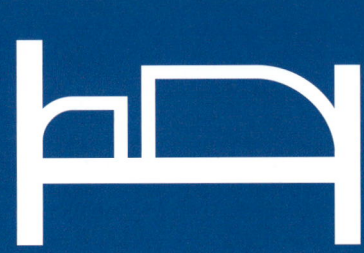

> Preiswerte Hotels, urige Hostels und gemütliche Pensionen: In diesen Herbergen liegen Sie richtig

In Barcelona sind die Nächte mitunter lang – aber selbst der hartgesottenste Nachtschwärmer braucht irgendwann eine Mütze voll Schlaf. Der Besucherboom hat die Übernachtungspreise und -kapazitäten enorm in die Höhe getrieben, immer neue Luxusherbergen und Designhotels werden eröffnet. Weil die Häuser längst nicht immer ausgebucht sind, machen sie gern zeitlich begrenzte Sonderangebote. Im Internet zu surfen zahlt sich aus, es gibt Ermäßigungen bis zu 60 Prozent. Schauen Sie dabei nicht nur auf die hoteleigenen Websites – Suchmaschinen wie *www. booking.com* oder *www.hostels.com*

vergleichen und picken das Beste für Sie heraus. Es gibt nicht nur luxuriöse Unterkünfte, sondern auch jede Menge günstige Hostels, Hotels und privat geführte Pensionen. Doch eine kleine Vorwarnung: Die preiswerten Unterkünfte sind meist klein, hellhörig und laut – viele davon haben aber trotzdem einen gewissen Charme. In diesem Kapitel stellen wir Ihnen eine Reihe budgetschonender Schlafplätze vor. Achtung: Übernachtungsgäste und Kreuzfahrer zahlen mit der Rechnung eine *tasa turística*, eine Touristensteuer, zwischen 0,65 und 2,25 Euro pro Person und Nacht, je nach Unterkunft!

SCHLAFEN

HOTELS

AMREY SANT PAU [120 A1]

Versuchen Sie, eines der Außenzimmer in den oberen beiden Etagen des modernen, sechsstöckigen Zwei-Sterne-Hotels zu ergattern, mit Terrasse und Blick auf das prächtige Hospital Sant Pau, ein vom berühmten Jugendstilarchitekten Domènech i Montaner erbautes ehemaliges Krankenhaus. Gute Verbindungen ins Zentrum, die Metrostation liegt nur ein paar Schritte entfernt. Barrierefrei. Wer über die Hotelseite bucht, kann früher ein- und später auschecken, ohne Aufpreis. *DZ ab 50 Euro | 93 Zi. | Sant Antoni María Claret, 173 | Tel. 934 33 51 51 | www.hotel santpau.com | Metro: L 4 Guinardó, L 5 Sant Pau | Eixample*

BANYS ORIENTALS [109 E4]

Das stilvoll renovierte historische Haus gehört zu den Lieblingshotels von Architekten und Designern. Die kleinen Zimmer sind minimalistisch möbliert, in hellen und warmen Tönen mit einem Touch von Zen und edlen Körperpflegeprodukten. Ein Hotel zum Wohlfühlen! 🐷 Nettes Detail: Im Flur, teils auch auf den Zimmern gibt es einen Kühlschrank mit Mineralwasser, an dem sich Gäste kostenlos bedienen können. Auch die Lage ist attraktiv: ein paar Minuten entfernt vom Gotischen Viertel. Das Hotel ist nicht billig, aber sein Geld wert und senkt in der Nebensaison die Preise – auf Suchmaschinen nach Sonderangeboten stöbern lohnt sich. *DZ ab 90 Euro |*

43 Zi. | Argenteria, 32 | Tel. 93 68 84 60 | www.hotelbanysorientals. com | Metro: L 4 Jaume I | El Borne

CURIOUS [108 C2]

Einfaches Hotel in Toplage, ein paar Schritte von der Rambla entfernt. Die Zimmer sind klein, modern und schlicht eingerichtet, mit Bad, TV, Klimaanlage, Heizung, WLAN, sauber und funktionell. Gäste erhalten die „Curious Card", mit der es Rabatt in umliegenden Restaurants, Museen und Läden gibt. Buchen Sie über die Webseite des Hotels, erhalten Sie zur Begrüßung ein Glas Cava, Frühstück und Internet gratis und können zudem den Übernachtungspreis senken: Wer über Early Booking mindestens 24 Stunden im Voraus zahlt, spart 15 Prozent; wer drei oder mehr Nächte bleibt, zahlt 10 Prozent weniger. *DZ ab 60 Euro | 24 Zi. | Carme, 25 | Tel. 933 01 44 84 | www.hotelcurious.com | Metro: L 3 Liceu | Barrio Gótico*

EL JARDÍ [108 C3]

Hier wohnen Sie mitten im Herzen des Gotischen Viertels: Das komplett renovierte Altstadthotel liegt an einem der bezauberndsten Plätze der Metropole. Die Zimmer sind einfach eingerichtet, haben aber alle ein eigenes Bad, Klimaanlage, Heizung, Internet-TV. Die Außenzimmer mit Blick auf den Platz – und teilweise auch Balkon – sind schöner, aber auch lauter. Wer direkt übers Hotel bucht, kann Schnäppchen finden. *DZ 45–155 Euro | 40 Zi. | Plaça Sant Josep Oriol, 1 | Tel. 933 01 59 00 | www.eljardi.com | Metro: L 3 Liceu | Barrio Gótico*

HOTEL CONTINENTAL [108 C1]

In diesem familiengeführten Hotel mit Fin-de-Siècle-Charme direkt an der Rambla können Sie sich ==rund um die Uhr am Continental-Büfett bedienen== *Inside Tipp* mit vier bis fünf hausgemachten Gerichten, frischem Obst, Snacks, Säften, Tee, Kaffee und Bier – alles kostenlos! Die Zimmer sind mit Kühlschrank und Mikrowelle ausgestattet, sodass Sie sich Ihre Mahlzeiten dort zubereiten können. Klassisch und gediegen ist die Einrichtung, Wi-Fi und Computernutzung sind kostenfrei. *DZ ab 70 Euro inkl. Frühstück (10 Prozent Frühbucherrabatt sowie Online-Angebote) | 35 Zi. | La Rambla, 138 | Tel. 933 01 25 70 | www.hotelcontinental.com | Metro: L 1, L 3 Catalunya | Barrio Gótico*

SCHLAFEN

HOTEL PASEO DE GRÀCIA [118 C3]

An Barcelonas exklusiver Flanier-und Shoppingmeile Passeig de Gràcia liegt das komfortable und für die Lage preisgünstige Hotel mit familiärer Atmosphäre. Die ansprechenden Zimmer haben teilweise Balkon oder Terrasse und liegen so hoch, dass Sie relativ ungestört vom Verkehrslärm den Blick genießen können – von einigen Zimmern aus sogar auf Gaudís verrücktestes Wohnhaus, die Casa Milà

Insider Tipp

Mit Blick auf Gaudís Casa Milà: Hotel Paseo de Gràcia

nebenan. Alle Zimmer mit eigenem Bad. Wer übers Hotelweb bucht, bekommt ein kostenloses Frühstück. *EZ 90–110, DZ 60–120, 3- bzw. 4-Bett-Zi. 100–130 Euro | 33 Zi. | Passeig de Gràcia, 102 | Tel. 932 15 06 03 | www.hotelpaseodegracia.es | Metro: L 3, L 5 Diagonal | Eixample*

HOTEL PENINSULAR [108 B3]

Wollten Sie schon immer mal in einer Mönchszelle nächtigen? Zwar sind die kleinen Zimmer in dem ehemaligen Augustinerkloster immer noch recht spartanisch eingerichtet, haben aber mittlerweile Heizung, Klimaanlage und meist auch ein eigenes Bad. Sie verbringen aber sowieso mehr Zeit im malerischen Lichthof im Stil der Belle Époque zwischen Palmen, rankenden Hängepflanzen und Korbsesseln. Nichts für Reisende, die Ruhe suchen oder es mit der Sauberkeit sehr genau nehmen, dafür finden Sie eine lockere, kosmopolitische Atmosphäre mit Charme und viel Boheme im Szeneviertel Raval. Achten Sie auf Last-Minute-Angebote im Web. *EZ ab 30, DZ ab 50 Euro | 80 Zi. | Sant Pau, 34 | Tel. 933 02 31 38 | hotelpeninsular.net | Metro: L 3 Liceu | Raval*

MARKET HOTEL [123 F1]

Etwas abseits vom Touristenrummel, aber dennoch zentral gelegen. Denn von diesem schicken Boutiquehotel aus können Sie das neue Szeneviertel nahe der Altstadt wunderbar erkunden. Rund um die frisch renovierte Markthalle Sant Antoni treffen sich urbane Trendsetter zu Brunch und Wermut. Die Zimmer (mit kostenlosem Internet) sind vergleichsweise geräumig und stylish eingerichtet, die Bäder mit Regendusche ausgestattet. Und wer die kostenlose Klubkarte beantragt, wird zu Events eingeladen und erhält in den sechs Hotels und 35 Restaurants der Andilana-Gruppe Vergünstigungen. Wie man das als Trendsetter eben so macht. *DZ ab 50 Euro | 68 Zi. | Comte Borell, 68 | Tel. 932 20 32 05 | www.hotelmarketbarcelona.com | Metro: L 2 Sant Antoni | Sant Antoni*

PRAKTIK BAKERY [118 C3]

Hotel und Bäckerei unter einem Dach: Gleich morgens werden Sie vom Duft frischer Croissants aus einer der besten Bäckereien Barcelonas begrüßt. Das moderne Hotel hat Charme und liegt im eleganten und belebten Eixample-Viertel. Die Zimmer sind allerdings klein. Wer sechs Wochen im Voraus über die Hotelseite bucht, bekommt 10 Prozent Rabatt und, sofern verfügbar, ein kostenloses Zimmer-Upgrade. *DZ ab 74 Euro | 65 Zi. | Provença, 279 | Tel. 93488 0061 | www.hotelpraktikbakery.com | Metro: L4, L5 Verdaguer | Eixample*

JUGENDHERBERGEN & HOSTELS

ALBERGUINN YOUTH HOSTEL [116 C2]

Ideale und preisgünstige Unterkunft für Fußballfans und Interrailer: Der Bahnhof Sants und das Fußballstadion Camp Nou sind nur ein paar Gehminuten enfernt. Die gemischten Mehrbettzimmer mit Stockbetten sind modern, geräumig und sehr sauber. Wer kein Geld für Restaurants ausgeben will, kann sich in der Gemeinschaftsküche (mit Mikrowelle) kleine Snacks zubereiten. Bei Regenwetter vertreiben Bücher und Filme im Aufenthaltsraum die Zeit. Kein Partyhostel, daher auch familienkompatibel. 🐷 Im Preis enthalten sind Gepäckaufbewahrung, Bettwäsche, Frühstück und Wi-Fi. *6- bis 16-Bett-Zi. ab 14 Euro p.P. inkl. Frühstück (all you can eat) | 50 Betten | Melcior de Palau, 70–74 | Tel. 934905965 | www.*

alberguinn.com | Metro: L3 Estació Sants | Sants

BARCELONA CENTRAL GARDEN [118 C4]

Familien und ältere Alleinreisende buchen Doppel- oder Mehrbettzimmer, teils mit eigenem Bad. Für Backpacker und Studierende gibt es einen gemischten und einen Frauenschlafsaal mit Stockbetten. Die unterschiedlich großen Zimmer in dem wunderschönen Jugendstilgebäude sind alle freundlich eingerichtet. Und auch das hilfsbereite Team und die vielen kostenlosen Extras tragen dazu bei, dass die Gäste sich wohlfühlen: 🐷 Bettwäsche, Heißgetränke, Kopfhörer, WLAN und Küchennutzung sind gratis. Die Betreiber organisieren Tapas- und Paella-Nächte – und im Sommer auch Picknicks am Magischen Brunnen am Montjüic. Zentrale Lage. *2- bis 6-Bett-Zi. 14–45 Euro p.P. | 30 Betten | Roger de Lluria, 41 | Tel. 935006999 | www.barcelonacentral garden.com | Metro: Passeig de Gràcia | Eixample*

BARCELONA URBANY [120 A4]

Klar, dass kostenloses Wi-Fi und USB-Ladestation im Schließfach im

High-Tech-Viertel 22@ zur Grund-
ausstattung einer Jugendherberge gehören. Die Zimmer sind eher klein,
haben aber alle ein eigenes Bad und
Klimaanlage. Von der Dachterrasse
haben Sie einen großartigen Blick
auf Jean Nouvels emblematische
Torre Agbar. In der Gemeinschaftsküche können Sie kleine Mahlzeiten
zubereiten. Das Hostel hat auch Pink
Rooms für Frauen – mit extra viel
Stauraum und einem Glätteisen für
die Haare. Klischees legt man auch

in futuristischem Ambiente nicht ab.
Das Schwesterhaus Urbany BCN Go
(Gran Via de les Corts Catalanes, 563
[119 D5]) hat einen Minipool auf dem
Dach. *Mehrbettzimmer p.P. ab 10,
DZ ab 24 Euro | 396 Betten | Me-
ridiana, 97 | Tel. 932 45 84 14 | www.
barcelonaurbany.com | Metro: L 1
Glòries | El Clot*

BE SOUND HOSTEL   [108 A4]

Mitten im Szeneviertel Raval, nur
fünf Minuten von der Rambla ent-

Preiswertes Quartier für junge Weltenbummler: Be Sound Hostel

fernt, liegt diese gute Option für partylustige Weltenbummler. Vom Hostel aus startet täglich um 10 Uhr eine kostenfreie Walking Tour. Gäste können sich auch für Pub Crawls und Flamenco-Shows anmelden – oder auf der sonnigen Terrasse Kontakte knüpfen. Computernutzung und Wi-Fi in der Lobby sind gratis, Bettwäsche und Handtücher bekommt man für eine Leihgebühr von 2,50 Euro. Wer's privater mag, bucht eines der drei Be-Sound-Apartments. Auch die liegen mitten im Geschehen, zwischen Rambla del Raval und Liceu **[108 A–C3]**, z. B. in der Carrer Sant Pau, 29. *Ab 10 Euro p. P. | 100 Betten | Nou de la Rambla, 91 | Tel. 931 85 08 00 | www.behostels.com/sound | Metro: L 3 Paral.lel | Raval*

GARDEN HOUSE   **[114 C1]** *Insider Tipp*

Eine sehr gute Adresse für ruhebedürftige Pflastertreter jeden Alters, Backpacker und Familien: Die herrschaftliche Fin-de-Siècle-Villa im grünen Wohnviertel Horta liegt weit weg vom Großstadtlärm und nur fünf Minuten von der nächsten Metrostation entfernt. Sie können im Garten entspannen, auf der Dachterrasse ein Sonnenbad nehmen oder in der Gästeküche beim gemeinsamen Kochen nette Leute aus aller Welt kennenlernen. Die Zimmer sind hell und geräumig, einige haben ein eigenes Bad. Bettwäsche, Handtücher und Wi-Fi gibt's kostenfrei, Computerzugang in der Lobby. Regelmäßig werden im Haus Events organisiert, wie Sangría-

CLEVER!

> *Ein Apartment mieten*

Sie bleiben länger als zwei Tage in Barcelona? Dann kommen Sie mit einer Ferienwohnung oft günstiger weg als im Hotel: Sie können dort selbst kochen – dank der tollen Markthallen in Barcelona ein echtes Vergnügen. Neben AirBnB finden Sie auch auf *www.barce-lonaroom.com* und *www.oh-barcelona.com* Apartments. Achten Sie bei der Buchung darauf, dass die Vermieter eine Lizenz haben. Die Stadtverwaltung fahndet gezielt nach schwarzen Schafen. Auf *www.fairtourism.barcelona* können Sie Ihr Appartment überprüfen.

oder Tapa-Abende, umsonst oder gegen eine kleine Unkostenbeteiligung. Die Atmosphäre ist locker, doch wer jede Nacht Party machen und ordentlich auf den Putz hauen will, ist hier fehl am Platz. Frauenzimmer verfügbar. *2-Bett-Zi. ab 30, Mehrbettzimmer ab 12 Euro | 56 Betten | Hedilla, 58 | Tel. 934 27 24 79 | www.feetuphostels.com | Metro: L 3 Valldaura | Horta*

HELLO BARCELONA HOSTEL　[123 F3]

Tischtennis liebt man in Asien ebenso wie in Europa oder den USA. Als völkerverständigende und kontakfördernde Maßnahme haben die Betreiber des jungen Hostels eine Platte direkt in die Lobby gestellt.  Benutzung natürlich gratis!  Kostenlos sind auch Bettwäsche, Schließfächer, Computerzugang, Wi-Fi und Stadtplan sowie gemeinsame Ausflüge in die Berge oder an den Strand, Clubabende und Koch-Events. Das tägliche Programm steht auf der schwarzen Tafel an der Rezeption. Die Zimmer sind mit Klimaanlage und Heizung ausgestattet. Frauenzimmer verfügbar. *Mehrbettzimmer 15–39 p. P., DZ mit Bad 60–90 Euro, jeweils inkl. Frühstück | 152 Betten |*

Lafont, 6–10 | Tel. 934 42 83 92 | www.hellobcnhostel.com | Metro: L 3 Paral.lel | Poble Sec

HOSTEL ONE SANTS　[116 B2]

So wie der ganz in der Nähe residierende FC Barcelona bekanntermaßen mehr ist als ein Fußballverein, ist dieses Haus mehr als nur eine einfache Herberge: Das Team will, dass die Gäste gemeinsam Spaß haben, bei Grillpartys auf der Dachterrasse oder den täglichen gemeinsamen Kochabenden. Die Chillout-Sofas im Aufenthaltsraum sind selbst gezimmert, die Drei- bis Sechsbettzimmer funktional. Das Frühstücksbüfett ist sättigend und kostet 2,50 Euro.  Schließfächer und Bettwäsche sind kostenlos, ebenso Wi-Fi und der Computerzugang in der Lobby. Zudem gibt es in der Küche  Kaffee, Zucker, Öl etc. kostenfrei. Die Kette unterhält auch Häuser auf den Rambles und am Paral.lel. *Mehrbettzimmer 14–30 Euro p. P. | 40 Betten | Casteras, 9 | Tel. 933 32 41 92 | www.hostelone.com | Metro: L 5 Badal | Sants*

INOUT ALBERG　[0]

Komfortable Herberge für Natur- und Sportfreaks mitten im Naturschutzpark Collserola. Statt von Straßenlärm werden Sie von Vogelgezwitscher (oder schnarchenden Bettnachbarn) geweckt, zum Frühsport geht's ins hauseigene Schwimmbad, auf den Tennisplatz oder das Volleyballfeld. 🐷 Die Nutzung ist für Gäste kostenlos. Mit der Vorortbahn sind's trotz idyllischer Lage nur 15 Minuten ins Stadtzentrum. Neben dem kostenlosen Frühstück gibt es preisgünstige Menüs (8–10 Euro) im hauseigenen Restaurant. Unbedingt probieren: den Haus-Cocktail, kreiert von Meisterkoch Ferran Adrià. *4- bis 10-Bett-Zi. 12–30 Euro, Bettwäsche und Handtücher extra | 200 Betten | Major del Rectoret, 2 | Tel. 932800985 | www. inouthostel.com | Vorortbahn: S1 und S2 Baixador de Vallvidrera | Vallvidrera*

Insider Tipp

ITACA HOSTEL　　　[108 C3]

Die Besitzer sind selbst viel in der Welt herumgekommen – das merkt man dem freundlichen Hostel im Herzen des Gotischen Viertels an. Die Räumlichkeiten sind sauber, alle Zimmer haben Außenfenster und einen eigenen kleinen Balkon. In der modern ausgestatteten Küche können Sie nicht nur kochen, sondern auch

ins Gespräch kommen. 🐷 Stadtpläne, Bettwäsche, Wi-Fi sind gratis, ebenso die Nutzung einer kleinen Handbibliothek mit Urlaubsschmökern und Reiseführern wie auch das Frühstück *all you can eat* mit Kaffee, Gebäck, Kuchen, Saft und Müsli. Schließfächer in Handgepäckgröße sind auch vorhanden. *6- bis 8-Bett-Zi. p.P. 13–28, DZ mit Bad ab 50 Euro | 30 Betten | Ripoll, 21 | Tel. 933019751 | www.itacahostel.com | Metro: L3 Liceu | Barrio Gótico*

PARS TEATRO HOSTEL　　[108 A4]

Vintage-Fans feiern dieses Hostel mit Standing Ovations: Die Theatersessel, Spiegel und Figuren vermitteln Varieté-Ambiente. Auch in den sonst mit Spind und Stockbett funktional eingerichteten 6- bis 12-Bett-Zimmern gibt's das ein oder andere Flohmarktunikat. In der komplett eingerichteten Gemeinschaftsküche haben Hobbyköche ihren großen Auftritt. Wer die ganz große Show braucht, amüsiert sich auf Barcelonas zu neuem Leben erwachter Theatermeile Paral.lel, nur ein paar Schritte vor der Tür. Gemeinsame Spieleabende, Koch-Events und Entdeckertouren (auch per Rad) stiften Gemein-

schaft – und unterhalten dank täglich wechselndem Programm ganz prächtig. *4- bis 14-Bett-Zi. 15–33 Euro p.P. | 49 Betten | Albareda, 12 | Tel. 934 43 94 66 | www.parshostels.com | Metro: L 3 Paral.lel | Poble Sec*

SANT JORDI HOSTELS

Die fünf Herbergen der Gruppe Sant Jordi gewinnen regelmäßig Auszeichnungen und bekommen beste Bewertungen durch ihre Gäste – und das seit Jahren. Nicht zuletzt, weil die Besitzer aus eigener Erfahrung wissen, worüber sich Rucksacktouristen freuen. Die Hostels organisieren regelmäßig 🐷 gemeinsame Aktivitäten, wie Ausflüge an den Strand, Beachvolleyball oder Bummel durch coole Bars und Clubs – Führung und Eintritt sind dabei umsonst, jeder zahlt nur seine Getränke. Überhaupt, wenn Sie nicht wissen, wie Sie den Tag oder Abend am besten verbringen: Das Serviceteam hilft gern mit Tipps und Infos und kennt die Szene. Jedes der Häuser hat einen eigenen Charakter: Weltenbummler und erfahrene Pflastertreter schätzen das Rock Palace Hostel in einem Jugendstilhaus im Eixample, fünf Gehminuten von der Altstadt entfernt, mit Minipool (Nut-

zung gratis), Fahrradparkplatz sowie Schlagzeug- und Gitarrensammlung. Im Gràcia Hostel freuen sich Radfans und urbane Trendsetter über Designextras, wie das zum Frühsport animierende Treppenhaus, die schicke Bar und den Fahrradverleih. Und ==das Hostel Sagrada Familia macht Skateboarder glücklich:== Neben Aufhängern fürs eigene Brett hat das Hostel eine Mini-Indoor-Halfpipe – für Regentage. Dank heiliger Nachtruhe und schallisolierter Wände fühlen sich auch ältere Semester oder stillere Charaktere in den Sant Jordi Hostels wohl. Wer über die Homepage bucht, erhält 5 bis 10 Prozent Rabatt. 🐷 In allen Hostels sind Bettwäsche, Schließfächer, Computerzugang, Ladestationen und Wi-Fi kostenfrei. *Rock Palace | 2- bis 10-Bett-Zi. 10–90 Euro | 130 Betten | Balmes, 75 | Tel. 934 53 32 81 | Metro: L 2, L 3, L 4 Passeig de Gràcia, L 1 Universitat | Eixample* [118 B4]; *Sant Jordi Gràcia: 4- bis 8-Bett-Zi. 11–39 Euro p.P. | 48 Betten | Carrer de Terol, 35 | Tel. 933 42 41 61 | Metro: L 3 Fontana | Gràcia* [113 D5]; *Sant Jordi Sagrada Familia: 3- bis 12-Bett-Zi. 15–34 Euro p.P., 4-Bett-Zi. 21–27 Euro p.P., über dem Hostel ist der Apartment-Bereich mit EZ 25–36*

Inside Tipp

SCHLAFEN

Euro, DZ 46–58 Euro | 80 Betten | Freser, 5 | Tel. 934 46 05 17 | Metro: L 5 Sant Pau/Dos de Maig | Eixample [120 A3]; Sant Jordi Alberg/Lluria: 3- bis 8-Bett-Zi., 13–35 Euro p.P. | 60 Betten | Roger de Llúria, 40 | Tel. 933 023901 | Metro: L 1, L 4 Urquinaona | Eixample [118 C5]; alle fünf Adressen finden Sie unter www.santjordihostels.com

SLEEP GREEN – ECO YOUTH HOSTEL [118 B5]

Umwelt- und kulturbewusste Weltenbummler sind hier richtig: In Toplage, nur ein paar Schritte von der Rambla entfernt, liegt Spaniens erste Jugendherberge mit dem EU-Ökozertifikat Ecolabel. Die Zimmer haben LED-Beleuchtung, Balkons zur Straße und nagelneue Matratzen. 🐷 Gästeküche, Kaffee, Tee und Wi-Fi sind umsonst, Computer stehen in der Lobby kostenlos zur Verfügung, auch Bettwäsche ist im Preis enthalten. Das Team gibt gern Barcelona-Tipps abseits der touristischen Hotspots. 4- bis 6-Bett-Zi. 15–35 Euro p.P. | 24 Betten | Ronda Universitat, 15 | Tel. 635669021 | www.sleepgreenbarcelona.com | Metro: L 1, L 3 Catalunya | Eixample

ST. CHRISTOPHER'S INN BARCELONA [108 C1]

Modern, farbenfroh und funky: Die Herberge mit kleinem Innenhof und lässiger Chill-Out-Zone liegt nur wenige Schritte von Rambla und dem Flughafen-Drop-off an der Plaça Catalunya entfernt. Bettwäsche und Wi-Fi sind im Preis inbegriffen, auch Frauenzimmer verfügbar. Die Betten in den Schlafsälen haben alle einen Trennvorhang, Steckdose und Leselampe. Fahrrad- und Vespaverleih in der Lobby. Achten Sie auf besondere Onlineangebote. 4- bis 16-Bett-Zi. ab 10 Euro p.P., DZ 75–90 Euro | 412 Betten | Bergara, 3 | Tel. 931 75 14 01 | www.st-christophers.co.uk/barcelona-hostels | Metro: L 1, L 3 Catalunya | Eixample

PENSIONEN & BED & BREAKFAST

ECO BOUTIQUE HOSTAL GRAU [108 C1]

Der Gratiskaffee stammt aus zertifiziertem Anbau, im Bad steht Biokosmetik und die Möbel sind Recycling-Unikate von lokalen Tischlern: Das „Öko" im Namen nimmt man in dieser familiären Pension ernst. Um Ihre persönliche CO_2-Bilanz müssen Sie

sich dank Toplage mitten in der Altstadt und einem hausinternen Fahrradverleih ohnehin keine Gedanken machen. *DZ mit Bad 80–170, Apartm. für 4 Pers. ab 140 Euro | 20 Zi. | Ramelleres, 27 | Tel. 93 01 81 35 | www.hostalgrau.com | Metro: L 1, L 3 Catalunya | Raval*

FASHION HOUSE [109 E1]

Anders als der Name vermuten lässt, ist diese Pension in einem klassischen Jugendstilgebäude untergebracht. Der Salon und die Zimmer sind behaglich und komfortabel eingerichtet, die reich verzierten Stuckdecken und Parkettböden schaffen eine herrschaftliche Atmosphäre – und im Winter lodert dazu passend das Feuer im Kamin. Alle Zimmer sind mit Klimaanlagen ausgestattet, einige mit eigener Veranda. Ihr Frühstück (6 Euro p. P.) sollten Sie sich auf jeden Fall auf der zauberhaften Terrasse servieren lassen, umgeben von üppigem Grün. Die Zimmer sind unterschiedlich groß, zu jeweils zwei Zimmern gehört ein Bad auf dem Flur. Achten Sie auf spezielle Angebote auf der Website. *EZ 45–60, DZ 50–90 Euro | 8 Zi. | Bruc, 13 | Tel. 637 90 40 44 | www.bcnfashionhouse.*

com *| Metro: L 1, L 4 Urquinaona | Eixample*

HOSTAL CHIC & BASIC [124 B1]

Die Low-Budget-Version des erfolgreichen Hotels Chic & Basic: hip, stylish, cool. Die Zimmer sind ganz in Weiß gehalten, für farbige Lichtakzente sorgt die LED-Beleuchtung. Alle Zimmer haben Designbäder, Satelliten-TV, Klimaanlage und Heizung. Originell ist die Staffelung nach Größe: Sie haben die Wahl zwischen Zimmern Größe S bis XL. In der Lounge können Sie sich rund um die Uhr 🐷 Sandwiches zubereiten und Säfte aus dem Kühlschrank nehmen – umsonst! Das Frühstück ist im Preis enthalten: *all you can eat.* Dazu wohnen Sie in einer Seitengasse der Rambla. Achten Sie im Web auf die verschiedenen Preisermäßigungen bis zu 30 Prozent, früh buchen zahlt sich aus! *DZ ab 42 Euro je nach Größe und Saison | 14 Zi. | Tallers, 82 | Tel. 933 42 66 66 | www.chicandbasic.com | Metro: L 1, L 2 Universitat | Raval*

HOSTAL GOYA [118 C5]

Zentraler geht's kaum: Die familiäre Unterkunft liegt nur ein paar Schritte von der Plaça Catalunya entfernt. Die Zimmer sind modern eingerichtet, mit original erhaltenen modernistischen Mosaikböden oder Holzparkett (nicht gerade leise). Fast alle haben ein eigenes Bad, kostenlosen Computerzugang inkl. Wi-Fi und TV gibt es im gemütlichen Salon. 🐷 Und an Kaffee und Tee können Sie sich rund um die Uhr selbst bedienen – gratis. *EZ 55–80, DZ 65–150 Euro | 19 Zi. | Pau Claris, 74 | Tel. 933 02 25 65 | www.hostalgoya.com | Metro: L 1, L 3 Catalunya | Eixample*

HOSTAL LIVE BARCELONA [118 A5]

Eine gute Option für alle, die es im Urlaub praktisch und komfortabel lieben: Die Metrostation und der Flughafen-Drop-off liegen vor der Haustür, die Rezeption ist rund um die Uhr besetzt, das Personal freundlich und sachkundig und die Zimmer (mit kostenlosem Wi-Fi, Wasserkocher, Kaffee und Tee) sind geräumig, sauber und modern. Viele haben einen kleinen Balkon oder Privatpatio. Wer gerne im Pyjama frühstückt, lässt sich Kaffee, Croissant und Co. aufs Zimmer bringen (4 Euro). Die All-you-can-eat-Variante im Frühstücksraum kostet Sie einen Euro

mehr. 🐷 Wer über die Homepage bucht, zahlt fürs Frühstück nichts. *DZ 60–150 Euro | 17 Zi. | Gran Via de les Corts Catalanes, 547 | Tel. 935 32 77 07 | www.hostallivebarcelona.com | Metro: L 1 Urgell | Eixample*

HOSTAL POBLENOU BED & BREAKFAST [126 B3]

Insider Tipp

Im Zeitalter zunehmender Globalisierung setzt dieses bezaubernde Bed & Breakfast auf individuellen Stil. Alle Zimmer sind nach einem spanischen Künstler à la Dalí und Picasso benannt und entsprechend unterschiedlich in Design und kreativen Details. Sie haben ein Bad, Fernseher und einen Tauchsieder samt 🐷 Tee, Kaffee und allem Zubehör – kostenfrei! Auch Mineralwasser steht kostenlos bereit. Frühstücken können Sie im Kaminzimmer oder auf der Terrasse, Haustiere sind erlaubt und zum Strand ist es nur ein Katzensprung. *EZ 40–60, DZ 60–120, 3-Bett-Zi. 90–120 Euro, jeweils inkl. Frühstück | 10 Zi. | Taulat, 30 | Tel. 932 21 26 01 | www.hostalpoblenou.com | Metro: L 4 Llacuna oder Bus: Linie 41 Parc del Poblenou | Poble Nou*

CASA FUSTER [118 C2]

Denkmalgeschützten Luxus genießen Sie in einem der schönsten Gebäude des Jugendstilarchitekten Lluís Domènech i Montaner. Die Casa Fuster bietet modernistische Pracht und modernen Komfort am Nobelboulevard Passeig de Gràcia, und von der Dachterrasse aus überblicken Sie ganz Barcelona. Das Luxushotel hat das ganze Jahr über Special Offers – in Zeiten mit wenig Auslastung bekommen Sie ein eine Junior-suite, die sonst 350 Euro kostet, schon zu (relativ) günstigen 195 Euro. Der Frühbucherrabatt (mindestens 30 Tage vor Ankunft) beträgt 15 Prozent. Wenn Sie auf kostenlose Stornierung verzichten (auch bei Buchung am Ankunftstag) oder länger als zwei Nächte bleiben, gibt es 10 Prozent Preisnachlass. Wer nur für ein paar Stunden Luxus schnuppern möchte, kommt zu den Jazz-Nächten (jeden Donnerstag) und fläzt sich ganz mondän champagnernippend auf

Moderner Komfort im Jugendstilpalast: Hotel Casa Fuster

den ausladenden Samtsofas in der Bar (Eintritt inkl. Champagner und Dip 24 Euro). *DZ ab 180 Euro | 105 Zi. | Passeig de Gràcia, 132 | Tel. 932 55 30 00 | www.hotelcasafuster.com | Metro: L3, L5 Diagonal | Eixample*

MANDARIN ORIENTAL BARCELONA
[118 C3/4]

Das Haus der asiatischen Luxuskette hat in Barcelona Designmaßstäbe gesetzt – und lockt Gourmets aus aller Welt an. Im Zwei-Sterne-Restaurant Blanc schwingt Carme Ruscalleda, die Spitzenköchin mit den meisten Michelin-Sternen weltweit (insgesamt sieben), gemeinsam mit ihrem Sohn den Kochlöffel. Wer die „Gastronomic Experience" (ab 340 Euro p. P.) bucht, wird von der Meisterköchin mit einem Amuse-Gueule begrüßt und wahlweise mittags oder abends bekocht (inkl. Flasche Cava). Das üppige Frühstück wird auf Wunsch ans Bett serviert. Den runden Hunderter, den man spart, kann man gewinnbringend in den Edelboutiquen quasi vor der Tür investieren. Wer sich in das Haus so verliebt, dass er länger bleiben will, kommt zwischen Januar und April und bucht drei Nächte zum Preis von zwei. *DZ ab 195 Euro | 120 Zi. | Passeig de Gràcia, 38–40 | Tel. 93151 88 88 | www.mandarinoriental. com | Metro: L2, L3, L4 Passeig de Gràcia | Eixample*

MIRAMAR
[123 E3]

Dieses Fünf-Sterne-Luxushotel in einem mondänen Palais mit Fin-de-Siècle-Charme auf dem Hausberg Montjuïc bietet Panoramablick über Stadt und Meer – nur zehn Minuten vom Zentrum mit Rambla und Gotischem Viertel entfernt! Das Edel-Outlet La Roca Village ist nicht weit – und günstig, wenn man das Shoppingpaket ab 230 Euro bucht. Das beinhaltet neben Frühstücksbuffet, einer Flasche Cava, Zugang zum Spa-Bereich auch den Transfer zum Outlet sowie zehn Prozent Rabatt in allen Läden. Wer mindestens zwei (Juli/Aug. drei) Nächte bucht und sofort online bezahlt, erhält 15 Prozent Rabatt – und stößt bei Ankunft mit einem Glas Cava aufs Schnäppchen an. *DZ ab 185 Euro | 75 Zi. | Plaça Carlos Ibañez, 3 | Tel. 932 81 16 00 | www.hotel miramarbarcelona.com | Montjuïc*

> ## Schöne Abenteuer gibt's auch umsonst: Wo kleine Leute in Barcelona kostengünstig Spaß haben können

Barcelona ist eigentlich ein teures Pflaster, nicht nur für Erwachsene. Ein Besuch mit den lieben Kleinen im Aquarium oder im Zoo kann das Reisebudget empfindlich belasten, vom Fußballstadion des weltberühmten Barça-Clubs ganz zu schweigen. Wenigstens ist der Eintritt in viele der Museen gratis für Kinder bis 14 oder gar bis 16 Jahre. Und zum Glück hat Barcelona jede Menge kleiner Plätze und Parks, wo sich die jüngeren Besucher austoben können. Besonders empfehlenswert: Der Parc de la Ciutadella und der Hausberg Montjüic – natürlich kostenlos. Das gleiche gilt, wenn Sie den kilometerlangen Sandstrand nutzen. Falls Sie kein rundes Leder dabeihaben: Ein Ball aus einem der unzähligen Chinabasare tut's auch. Es gibt Klettergerüste, Seilspinnen, Tischtennisplatten oder Rampen, und ein Picknick am Mittelmeer ist immer ein Ferienhighlight. Die Katalanen sind kinderlieb – aber die Kids laufen eher im Alltagsleben mit, man macht nicht so viel Aufhebens um sie. In jedem Fall kann es nicht schaden, etwas Passendes im Reisegepäck zu haben, um den Nachwuchs bei Laune zu halten – vor allem beim Warten aufs Essen. Auf den folgenden Seiten steht, was sonst noch so alles geht.

MIT KINDERN

Insider Tipp

ESSEN & TRINKEN

BOSC DE LES FADES CAFÉ [108 C5]

In diesem verwunschenen Café sitzt die ganze Familie zwischen Gnomen, Feen und anderen Fabelwesen. Der Zauberwald steckt voller Geheimnisse und Überraschungen, regelmäßiges Donnerwetter inklusive. Während die Kinder große Augen machen, gönnen Sie sich einen Kaffee. *Mo–Fr 10–1, Sa und So 11–1 Uhr | Passeig de la Banca, 7 | Tel. 933 17 26 49 | www.museocerabcn.com | Metro: L 3 Drassanes | Barrio Gótico*

IM FREIEN

GOLONDRINAS [108 B5]

Wenn die Kleinen keine Lust mehr auf Sightseeing haben, kann eine Schiffspartie die Stimmung heben. Wie wäre es mit einer Runde auf einer der Golondrinas-Barkassen? Achtung: Lassen Sie sich nicht zur teuren Küstentour „Port i Litoral" überreden, die günstige 40-minütige Hafenrundfahrt tut's auch – sie kostet für Sie 7,70 Euro, für Ihre Kids weniger als die Hälfte und macht trotzdem viel Spaß. *Kinder von 4–10 J. 2,80 Euro | im Herbst und Winter 11–16, sonst 10–19 Uhr, kann wetterbedingt abweichen! Mitte Dez. bis Anfang Jan. geschl. | Portal de la Pau, am unteren Ende der Rambla | Tel. 934 42 31 06 | www.lasgolondrinas. com | Metro: L 3 Drassanes | Hafen*

JARDÍ BOTÀNIC [122 C3]

Eine Reise um die Welt mit Panoramablick auf Barcelona: Im Botanischen Garten lernen Kinder und Erwachsene Bäume, Sträucher und Pflanzen aus den verschiedenen mediterranen Klimazonen der Erde kennen, unter anderem aus Australien, Chile und Südafrika – das Ganze hoch oben über der Stadt, auf dem allseits beliebten Hausberg Montjuïc. Am Samstag und Sonntag finden  kostenlose Führungen in spanischer Sprache statt: 10.45 und 12 Uhr (außer im Aug.). *Eintritt 3,50, 16–29 J. und ab 65 J. 1,70, Kombiticket mit NAT – Museu Ciencies Naturales (Museu Blau) 7 bzw. 3,50 Euro;* So ab 15

Uhr (1. So im Monat ganztägig) und Kinder unter 16 J. kostenfrei | tgl. Okt.–März 10–17, April–Sept. bis 19 Uhr | Doctor Font i Quer, 2 | Tel. 932 56 41 60 | www.museuciencies.cat | Metro: L 1, L 3, L 8 Espanya, weiter mit Bus: Linie 13, 55 oder 150 bis Parc de Montjuïc | Sants-Montjuïc

JARDI JOAN BROSSA [123 E3–4]

Inside Tipp

In der bezaubernden mediterranen Parkanlage auf dem Montjuïc können Sie relaxen, während sich Ihre Kinder Bewegung verschaffen: Es gibt Seilrutschen, von Rutschbahnen flankierte

Anziehungspunkt für Groß und Klein: der Parc de la Ciutadella

Treppen, Liegewiesen, Bolzplätze und Brunnen, die nützlich sind, um Luftballons zu Wasserbomben umzufunktionieren. Im 🐷 „musikalischen" Teil des Parks können Kinder kleine Melodien komponieren, indem sie auf tönenden Kissen oder Pedalen herumspringen oder ausprobieren, wie Töne entstehen und übertragen werden. Alles gratis. *Tgl. von 10 Uhr bis Einbruch der Dunkelheit, im Winter bis ca. 18, im Sommer bis ca. 21 Uhr | Metro: L2, L3 Paral.lel und weiter per Standseilbahn; Metro: L1, L3, L8 Espanya und weiter zu Fuß oder mit Bus: Linie 13, 55 oder 150 bis Parc de Montjuïc | Sants-Montjuïc*

MINIATURBAHN IM PARC DE L'ORENETA [0]

Der Parc de l'Oreneta am Fuß des Naturschutzparks Collserola ist eher ein Wald, in dem sich die Kinder austoben und verstecken können. Spiel- und Picknickplätze sowie Tischtennisplatten sorgen zusätzlich dafür, dass der Tag im Grünen nicht langweilig wird. Höhepunkt des Ausflugs ist sicher eine Fahrt in der dampfbetriebenen Modellbahn mit Tunneln, Brücken, Bahnhof, Signalen und Personal in historischer Dienstkleidung. *Zugfahrt 2 Euro | Zugfahrten So und Feiertage 10.30–13.30 Uhr (Weihnachten, Neujahr, 6. Jan., Osterferien und im Aug. geschl.) | Parc del Castell de l'Oreneta, Eingang Passatge Blada | Tel. 628 21 52 98 | www.trenoreneta.com | FGC bis Reina Elisenda und weiter mit Bus V3 oder 106 bis Passatge Reina Elisenda-Pere II de Montcada | Sarria*

PARC DE LA CIUTADELLA [125 D/E2–3]

Dies ist fraglos einer der schönsten Parks der Stadt, auch für Kinder – egal ob sie im Sommer auf dem kleinen See Bötchen fahren (3 Euro p.P.), auf den beiden Spielplätzen toben oder sich bei Regen in der 🐷 Spielothek (umsonst) vergnügen. Die gepflegten Rasenflächen unter riesigen Palmen, knorrigen Platanen und Pinien werden gerne von Kindern zum Toben – und erwachsenen Späthippies zum Gitarreklampfen – genutzt. Es gibt Toiletten und Kioske, letztere jedoch mit überteuerten Preisen – also besser den Picknickkorb packen! In einem luftigen Weltausstellungspavillon von 1888, dem Umbracle, ist heute ein vormittags geöffnetes 🐷 tropisches Gewächshaus untergebracht, der Eintritt ist frei. *Tgl. bis Einbruch der Dunkelheit | Metro: L 1 Arc de Triomf, L 4 Barceloneta | La Ribera*

SPASS & KULTUR

COSMOCAIXA [112 B1]

Nächste Haltestelle: Amazonas! Im versunkenen Wald des Wissenschaftsmuseums wachsen 30 Meter hohe Bäume und riesige Würmer winden sich durchs Wurzelwerk. Danach beginnt die Zeitreise durch Millionen Jahre alte Erdschichten. Im Cosmocaixa geht es nicht nur ums Anschauen, sondern vor allem auch ums Ausprobieren und Experimentieren: Ihren Kindern wird es sicher Spaß machen, selbst einen Sandsturm oder eine Windhose zu erzeugen. Spielerisch entdecken die Jüngsten Phänomene wie Licht und Schall oder lernen in Workshops wie ¡Toca Toca! Pflanzen und Tiere samt ihrer Lebensumgebung kennen. *Eintritt 4 Euro,* *1. So im Monat und Kinder unter 16 J. frei, Workshops und Planetarium kosten extra | tgl. 10–20 Uhr | Isaac Newton, 26 | Tel. 932 12 60 50 | obrasocial.lacaixa.es/ciencia | Metro: L 7 Cosmocaixa-Avinguda Tibidabo oder Buslinie H 4, V 13, V 15 bis Ronda de Dalt-Cister | Sarrià-Sant Gervasi*

CLEVER!

> *Online-Tipps für Kids*

Wenn Ihr Barcelona-Besuch mit einem der vielen Stadt- und Stadtteilfeste zusammenfällt, sind Sie aus dem Schneider: Tagsüber werden dann reichlich kostenlose Aktivitäten für Kinder organisiert. Auf *guia.barcelona.cat* finden Sie einen aktuellen Veranstaltungskalender für Kids. Die Macherinnen der Plattform *www.mammaproof.org* sammeln und prüfen seit Jahren Ausflugsziele, Restaurants und Läden auf Kindertauglichkeit: Die Besten werden mit dem gelben Siegel ausgezeichnet. Auf dieser Website können Sie kostenfrei stöbern. Wer mehr will, ersteht den „Family Welcome Guide" mit Stadtplan. Sie bleiben länger oder suchen sprachkundige Ferienfreunde? Auf *www.barcelonainternationaltribe.com* finden Sie Anschluss.

MUSEU D'HISTÒRIA (MUHBA) [109 D3]

Ein Aufzug bringt Sie in die Römerzeit, dann wandeln Sie zwischen den erstaunlich gut erhaltenen Originalruinen Barcinos. Mit ein bisschen Fantasie können sich auch die Kleinsten vorstellen, wie hier vor über 2000 Jahren Wein hergestellt, Wäsche gewaschen, gefeiert und regiert wurde. 🐷 Extra für Kinder gibt es gratis einen Audioguide, auch auf Deutsch. *Eintritt 7, 16–29 J. und ab 65 J. 5 Euro,* 🐷 *So ab 15 Uhr (1. So im Monat ganztägig) und Kinder unter 16 J. frei | Di–Sa 10–19, So 10–20 Uhr | Plaça del Rei | Tel. 932 56 21 00 | www.museuhistoria.bcn.cat | Metro: L 4 Jaume I | Barrio Gótico*

MUSEU OLÍMPIC [123 D3]

Einmal gegen die Leichtathletiklegende Carl Lewis antreten? Hightech-Simulatoren machen's möglich im interaktiven Sportmuseum, dem ersten olympischen Museum Europas. Nicht nur sportbegeisterte Kids, sondern auch die Oldies sind mit den multimedialen Installationen sicher eine ganze Weile beschäftigt. Übrigens: Auf der Website können Sie das Museum vorab virtuell durchlaufen. *Eintritt 5,80, Schüler/Studenten 3,60 Euro,* 🐷 *unter 7 J. und ab 65 J. frei | Di–Sa Okt.–März 10–18, April–Sept. 10–20, So ganzjährig 10–14.30 Uhr | Avinguda de l'Estadi, 60 (neben dem Olympiastadion) | Tel. 932 92 53 79 | www.museuolimpicbcn.cat | Metro: L 1, L 3, L 8 Espanya, weiter mit Bus 150 bis Passeig Olímpic-Avinguda de l'Estadi | Sants-Montjuïc*

NAT – MUSEU DE CIENCIES NATURALS (MUSEU BLAU) [127 F5]

Schon mal einen echten Meteoriten angefasst? Oder einem versteinerten Quastenflosser in die Augen geblickt? Wer den tiefblauen, dreieckigen Museumsbau betritt, reist durch vier Milliarden Jahre Erdgeschichte, inklusive die 550 Milliönchen Jahre belebter Historie! Faszinierend und ein bisschen morbide: die historische Sammlung ausgestopfter Tiere! *Eintritt 6, 16–29 J. und ab 65 J. 2,70, Kombiticket mit Jardí Botanic 7 bzw. 3,50 Euro,* 🐷 *So ab 15 Uhr (1. So im Monat ganztägig) und Kinder unter 16 J. frei | So 10–20, Di–Sa März–Sept. 10–19, Okt.–Feb. 10–18, Sa bis 19 Uhr | Parc del Forum, Plaça Leonardo da Vinci, 4–5 | Tel. 93 25 60 02 | www.museuciencies.cat | Metro: L 4 Maresme-Fòrum | Diagonal Mar*

Autobahn / Motorway		Autoroute / Autosnelweg
Vierspurige Straße / Road with four lanes		Route à quatre voies / Weg met vier rijstroken
Durchgangsstraße / Thoroughfare		Route de transit / Weg voor doorgaand verkeer
Hauptstraße / Main road		Route principale / Hoofdweg
Sonstige Straßen / Other roads		Autres routes / Overige wegen
Einbahnstraße / One-way street		Rue à sens unique / Straat met eenrichtingsverkeer
Fußgängerzone / Pedestrian zone		Zone piétonne / Voetgangerszone
Information / Information		Information / Informatie
Hauptbahn mit Bahnhof / Main railway with station	renfe	Chemin de fer principal avec gare / Belangrijke spoorweg met station
Sonstige Bahn / Other railway		Autre ligne / Overige spoorweg
U-Bahn / Underground	M	Métro / Ondergrondse spoorweg
Straßenbahn - Regionalbuslinie / Tramway - Regional bus-route		Tramway - Ligne d'autobus régional / Tram - Regionaal buslijn
Flughafenbus / Airport bus	B	Bus d'aéroport / Vliegveldbus
Anlegestelle / Landing stage		Embarcadère / Aanlegplaats
Kirche - Sehenswerte Kirche / Church - Church of interest		Église - Église remarquable / Kerk - Bezienswaardige kerk
Polizeistation - Postamt / Police station - Post office		Poste de police - Bureau de poste / Politiebureau - Postkantoor
Krankenhaus - Denkmal / Hospital - Monument		Hôpital - Monument / Ziekenhuis - Monument
Jugendherberge / Youth hostel		Auberge de jeunesse / Jeugdherberg
Bebaute Fläche, öffentliches Gebäude / Built-up area, public building		Zone bâtie, bâtiment public / Bebouwing, openbaar gebouw
Industriegelände / Industrial area		Zone industrielle / Industrieterrein

CITYATLAS
BARCELONA

> Auf den Seiten 106/107 finden Sie eine *Übersichts-karte* mit den 10 wichtigsten Sehenswürdigkeiten.

> Eine *Umgebungskarte* vom Großraum Barcelona befindet sich auf den Seiten 128/129.

> Das *Straßenregister* (ab Seite 130) enthält eine Aus-wahl der im Cityatlas dargestellten Straßen und Plätze.

BARCELONA IM ÜBERBLICK
> Stadtviertel zur Orientierung

NICHT VERPASSEN: Die Top 10 der besten Sehenswürdigkeiten (Die Beschreibungen finden Sie auf den Seiten 12 und 13)

Vallvidrera

Torre de Collserola

La Munt Màgica

B23

Ronda de Dalt

Monestir de Pedralbes

Pedralbes

Passeig de la Bonanova

Sarria

Sant Gerva

Seite 110 | 111

Parc de Pedralbes

Avinguda de Pedralbes

Avinguda

Augusta del General Mitre

Carrer de Colblanc

Estadi FC Barcelona

Gran Via Carles III

Numancia

Ronda

Via

Carrer de Muntaner

Augusta

Les Corts

Diagonal

Avinguda de Madrid

Carrer de Brasil

Seite 116 | 117

Plaça Francesco Macia

Travessera

L'Hospitalet

Carrer de Berlin

Carrer de

Avinguda

Avinguda Josep Tarradellas

Comte d'Urgell

Carrer de Muntaner

Carrer

de

de

Santa Eulalia

Sants

Sants

Carcel Modelo

Carrer

Carrer Provença

Badal

L' Esquerra

Carrer Mallorca

Llobregat

(Ronda del Mig)

Estació Central-Sants

Carrer de la Creu Coberta

Avinguda de Roma

Carrer Aprestadora

Carrer de Tarragona

de l'Eixample

Universi

Gran Via de les Corts Catalanes

Avinguda

Plaça d'Espanya

Sant Antoni

Gran Via

de I

La Font de la Guatlla

Seite 122 | 123

El Raval

Carrer del Foc

Parc de Montjuïc

Carrer Hospital

Passeig de Zona Franca

Avinguda del Estadi

Palau Nacional

Ronda de Sant Pau

La Rambla

Estadi Olimpic

El Poble Sec

Carrer Motors

Anella Olimpica

Passeig Olimpic

Fundació Joan Miró

Av. de Miramar

Parallel

La

P. de C

Ronda

Litoral

Castell de Montjuïc

Museu de l'Exercit

Parc Atraccions

Port

Ronda Litoral

B10

El Port

World Trade Cente

L

Av. Alvarez de la Campa

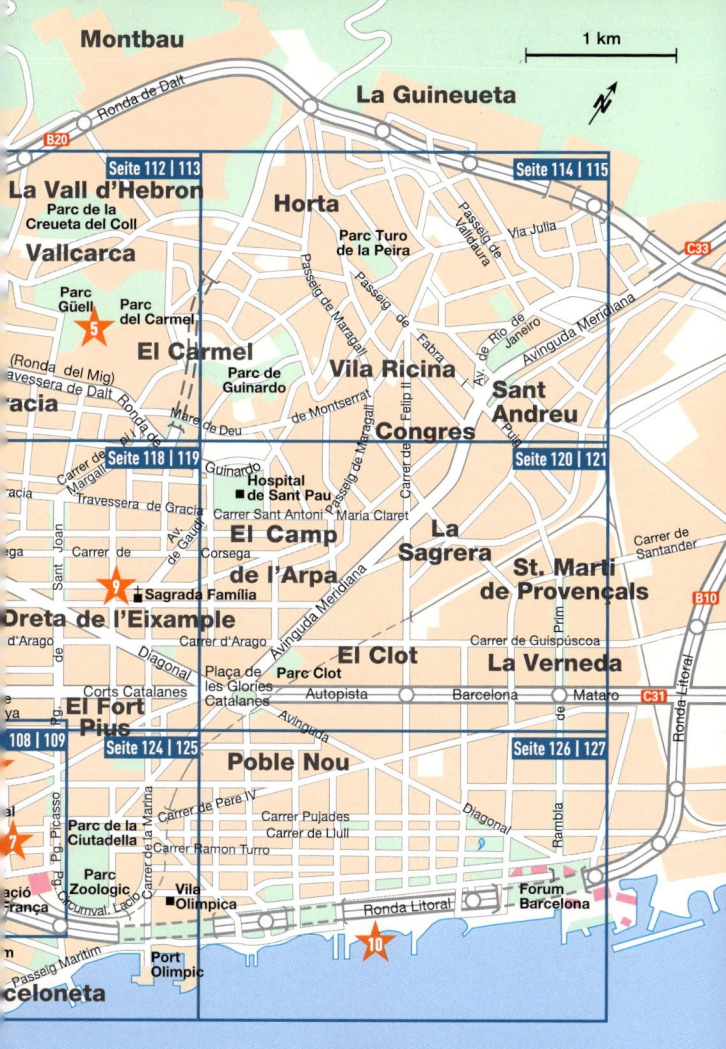

Montbau

1 km

La Guineueta

Ronda de Dalt

B20

Seite 112 | 113

Seite 114 | 115

La Vall d'Hebron
Parc de la
Creueta del Coll

Horta

C33

Vallcarca

Parc Turo
de la Peira

Passeig de Valldaura

Via Julia

Parc
Güell

Parc
del Carmel

5

Av. de Rio de Janeiro

Avinguda Meridiana

Passeig de Maragall

El Carmel

Parc de
Guinardó

Vila Ricina

Passeig de Fabra

Felip II

Sant
Andreu

acia

(Ronda del Mig)
ravessera de Dalt Ronda de...

Mare de Deu

de Montserrat

Congres

Seite 118 | 119

Guinardo

Carrer de

Seite 120 | 121

Sant Joan

gracia

Hospital
de Sant Pau

Carrer Sant Antoni Maria Claret

La
Sagrera

Travessera de Gracia

Av. de Gaudi

St. Marti
de Provencals

Carrer de
Santander

ega

Carrer de

El Camp

Corsega

Carrer de

9

Sagrada Família

de l'Arpa

Avinguda Meridiana

B10

Dreta de l'Eixample

d'Arago

Carrer d'Arago

Carrer de Guispúscoa

Prim

Diagonal

El Clot

La Verneda

Corts Catalanes

El Fort
Pius

Plaça de
les Glories
Catalanes

Parc Clot

Autopista

Barcelona

Mataro

C31

ya

Avinguda

108 | 109

Seite 124 | 125

Poble Nou

Seite 126 | 127

Diagonal

al

Pg. Picasso

Parc de la
Ciutadella

Carrer de Pere IV

Carrer Pujades
Carrer de Llull

Carrer de la Marina

Carrer Ramon Turro

Rambla

Forum
Barcelona

ació
frança

Parc
Zoologic

Vila
Olimpica

Ronda Litoral

celoneta

Passeig Maritim

Port
Olimpic

10

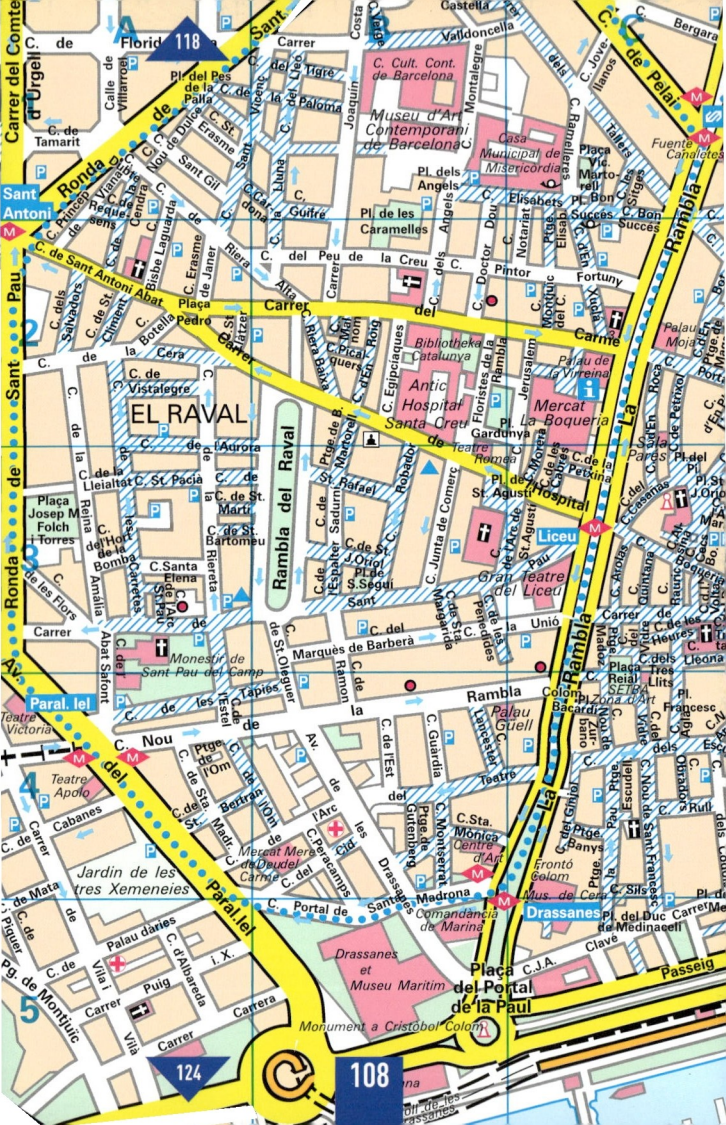

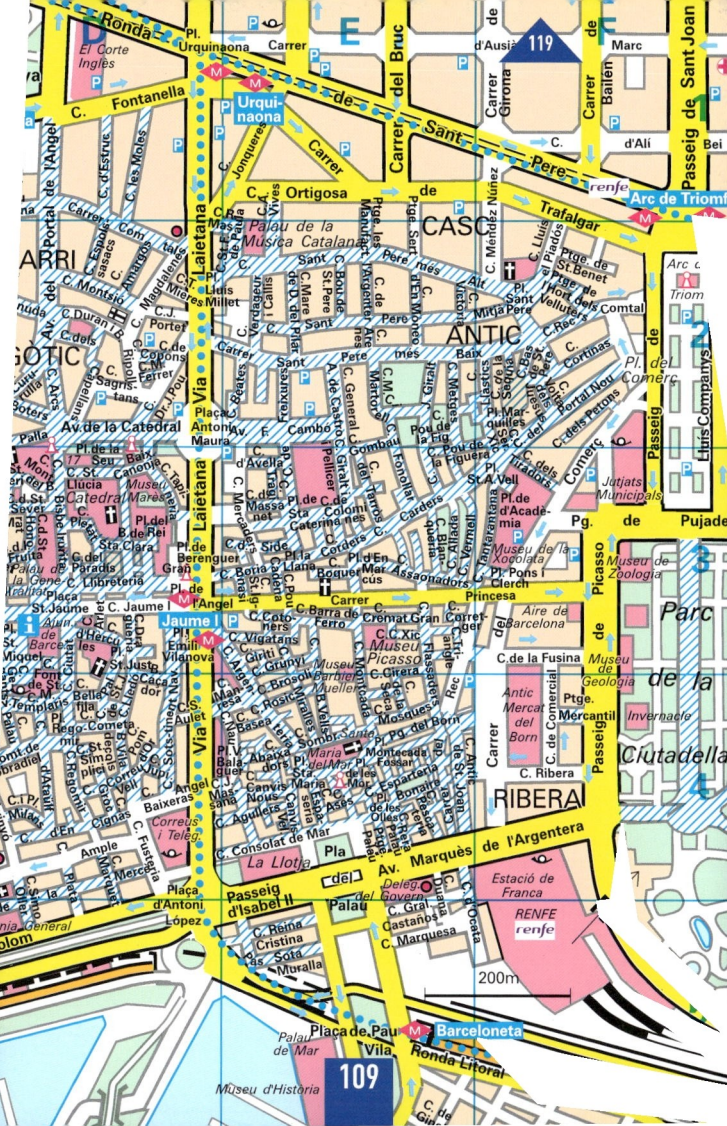

GUINEUETA

VERDUM

Via Júlia

2

NOU BARRIS

8

PORTA

Llucmajor

Mercat

Parc Central de Nou Barris

Fòrum Nord de la Tecnologia

Biblioteca Nou Barris d'Albert Einstein

Marie Curie

Pl. del Verdum

Cementiri de Sant Andreu

Piscina

Esportiu

Parc

Pont del Dragó

Pl. Xandri

Can Dragó

AVINGUDA

Estació St. Andreu Arenal

Fabra i Puig

St. Andreu

Can Ramon Fabra Riera Centre Cultural

MUHBA Fabra i Coats

Fabra i Coats

Canòdrom Meridiana

Sant Pius X

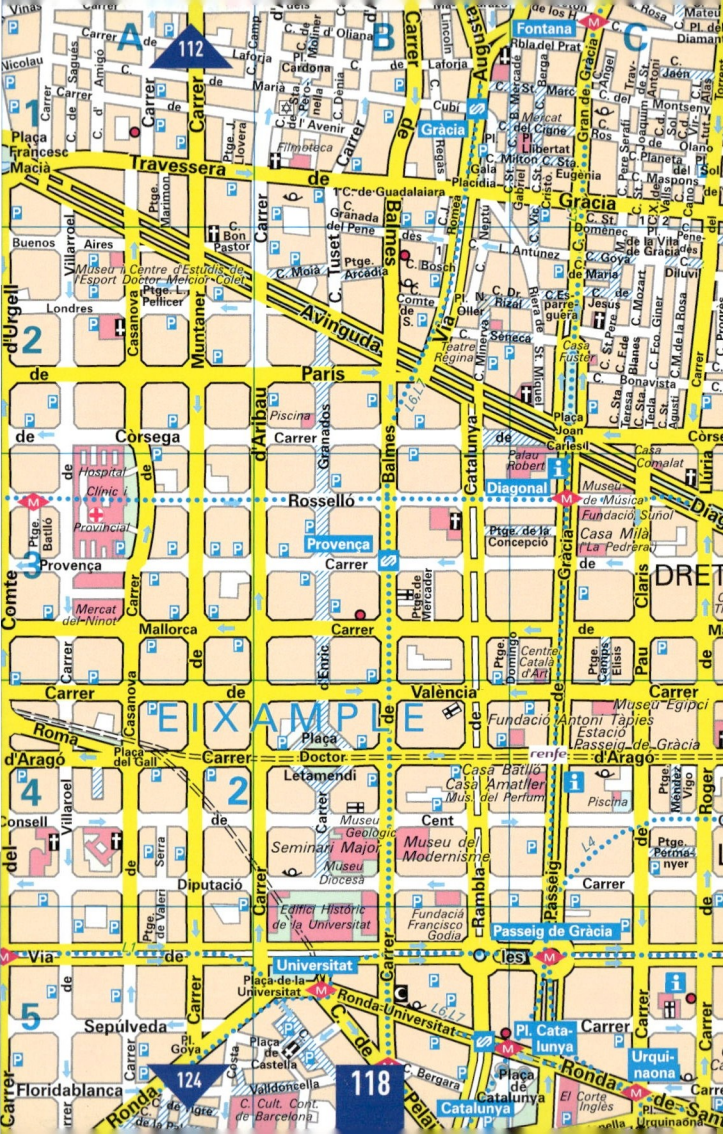

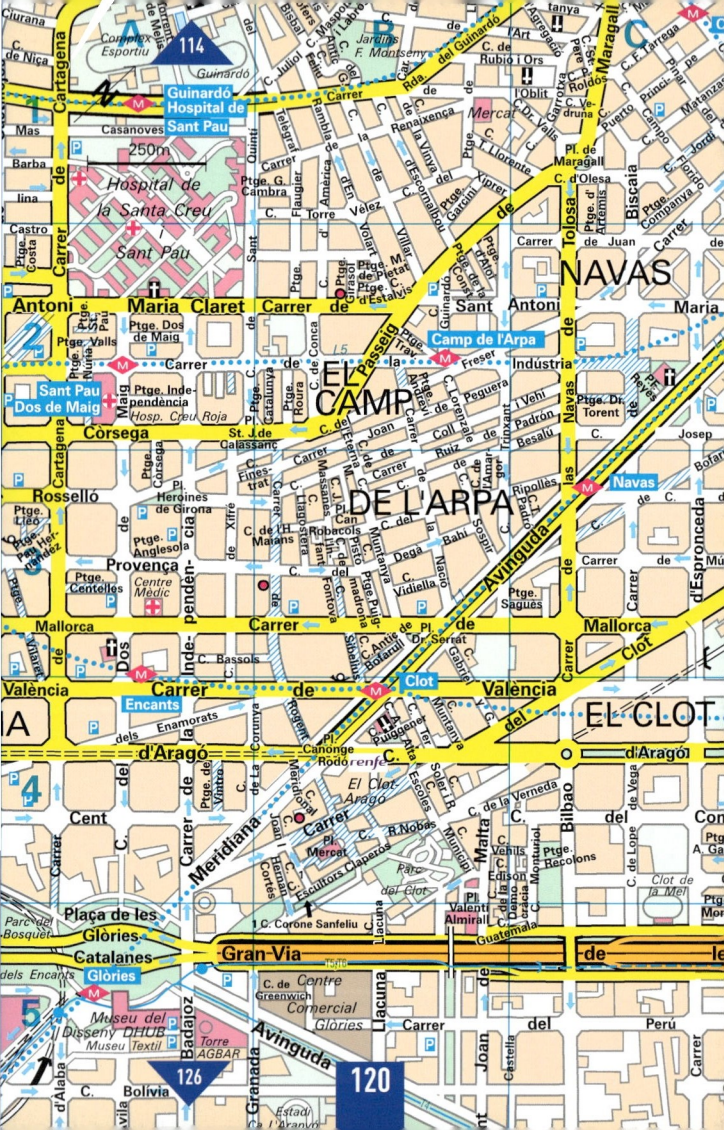

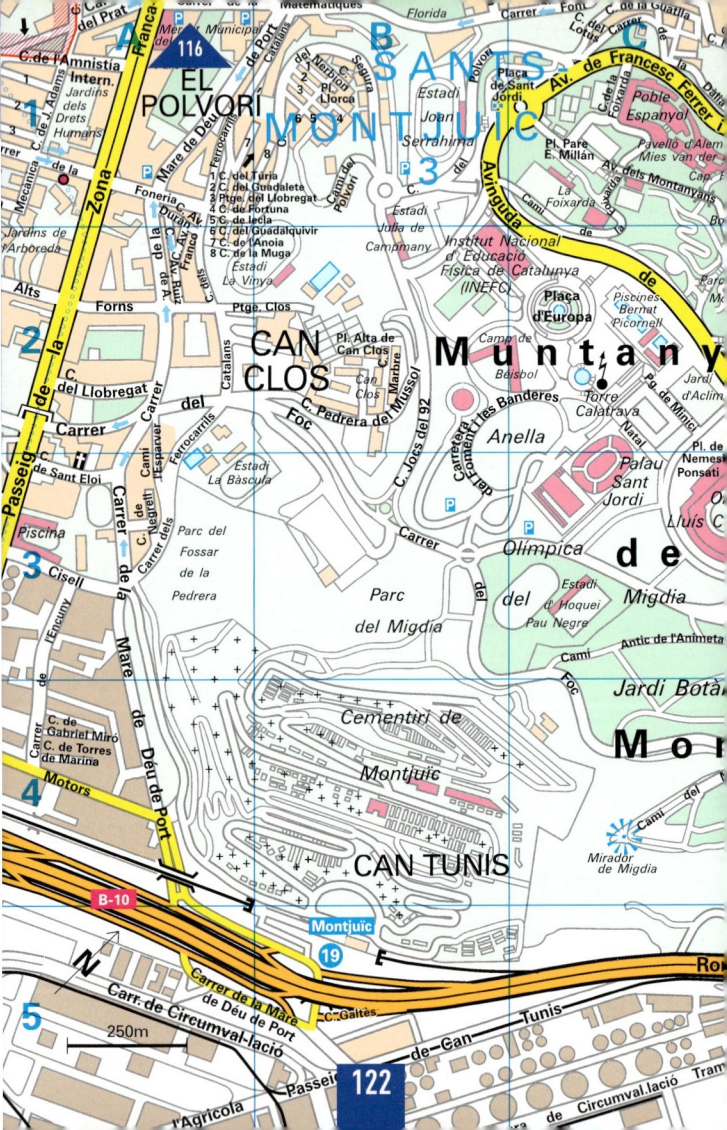

C. de l'Amnistía
C. del Prat

Carrer de Matemàtiques
Florida
Carrer
Font
C. de la Guatlla

SANTS

116

EL POLVORÍ

Plaça de Sant Jordi

Av. de Francesc Ferrer

Poble Espanyol

MONTJUÏC

Estadi Joan Serrahima

Pl. Pare E. Millán

Pavelló d'Alem Mies van der

Av. dels Montanyans

La Foixarda

1 C. del Túria
2 C. del Guadalete
3 Ptge. del Llobregat
4 C. de Fortuna
5 C. de Iecla
6 C. del Guadalquivir
7 C. de l'Anoia
8 C. de la Muga

Institut Nacional d'Educació Física de Catalunya (INEFC)

Estadi La Vinya

Estadi Júlia de Campmany

Piscines Bernat Picornell

Plaça d'Europa

Jardins de l'Arboreda

Alts

Forns

C. del Llobregat

Carrer

Ptge. Clos

Pl. Alta de Can Clos

CAN CLOS

Can Clos

Camp de Beisbol

Muntanya

Torre Calatrava

Jardí d'Aclim

Pg. de Minici

de

Anella

Carrer

Pl. de Nemesi Ponsati

Palau Sant Jordi

O Lluís C

Piscina

Carrer de Sant Eloi

Parc del Fossar de la Pedrera

Estadi La Báscula

Carretera de Foment les Banderes

Olímpica

del

Estadi d'Hoquei Pau Negre

Midgia

Cisell

Parc del Migdia

Carrer

Antic de l'Animeta

Camí

Jardí Botà

Motors

C. de Gabriel Miró
C. de Torres de Marina

Cementiri de Montjuïc

Mo

Camí

del

Foc

Mirador de Migdia

B-10

Montjuïc

CAN TUNIS

19

E

Ro

Carrer de la Mare de Déu de Port

C. Galtès

Tunis

Passeig de Gan

Circumval·lació

Tram

Carr. de Circumval·lació

250m

122

l'Agrícola

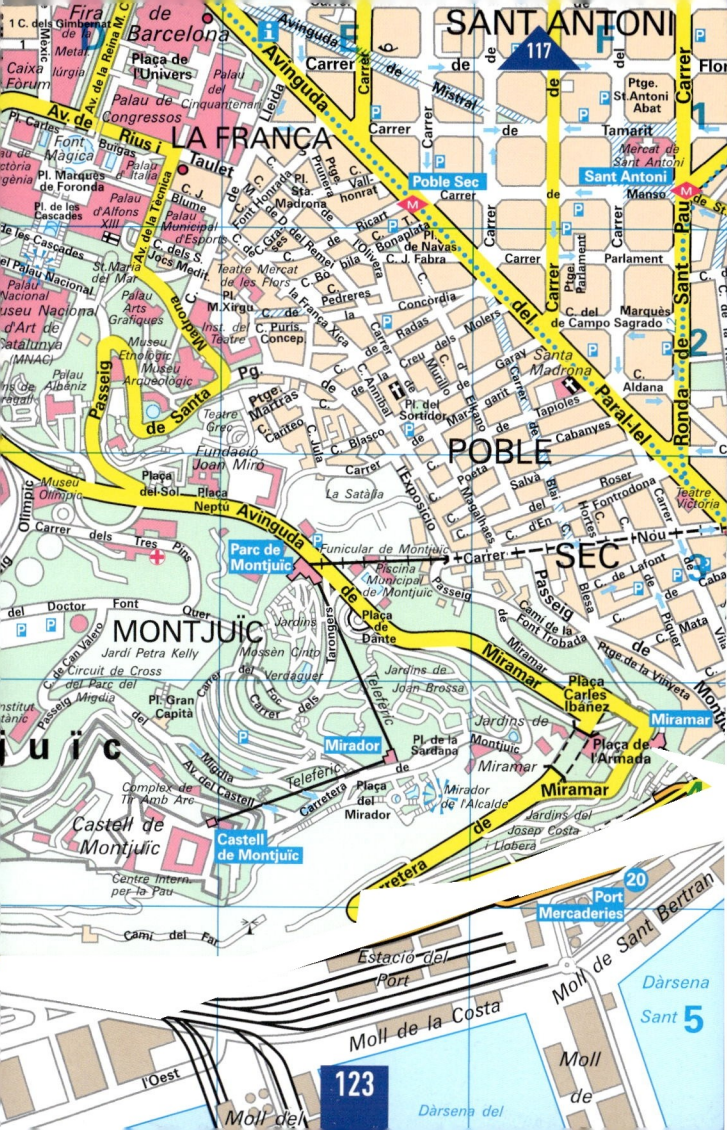

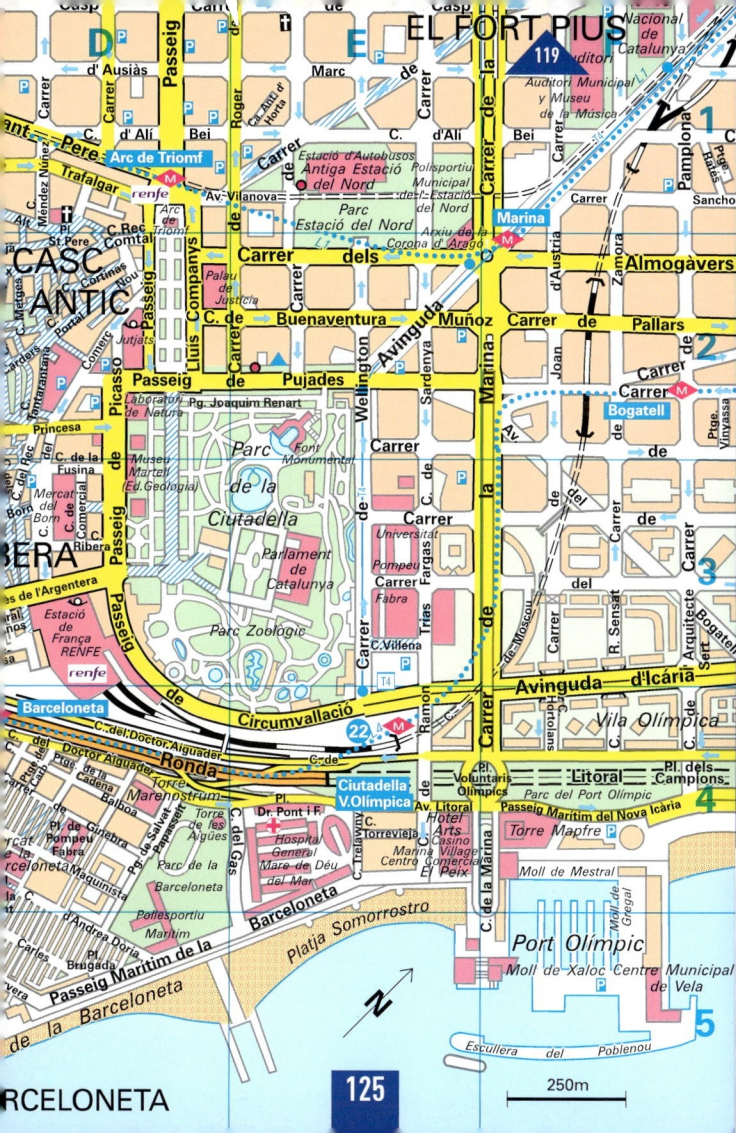

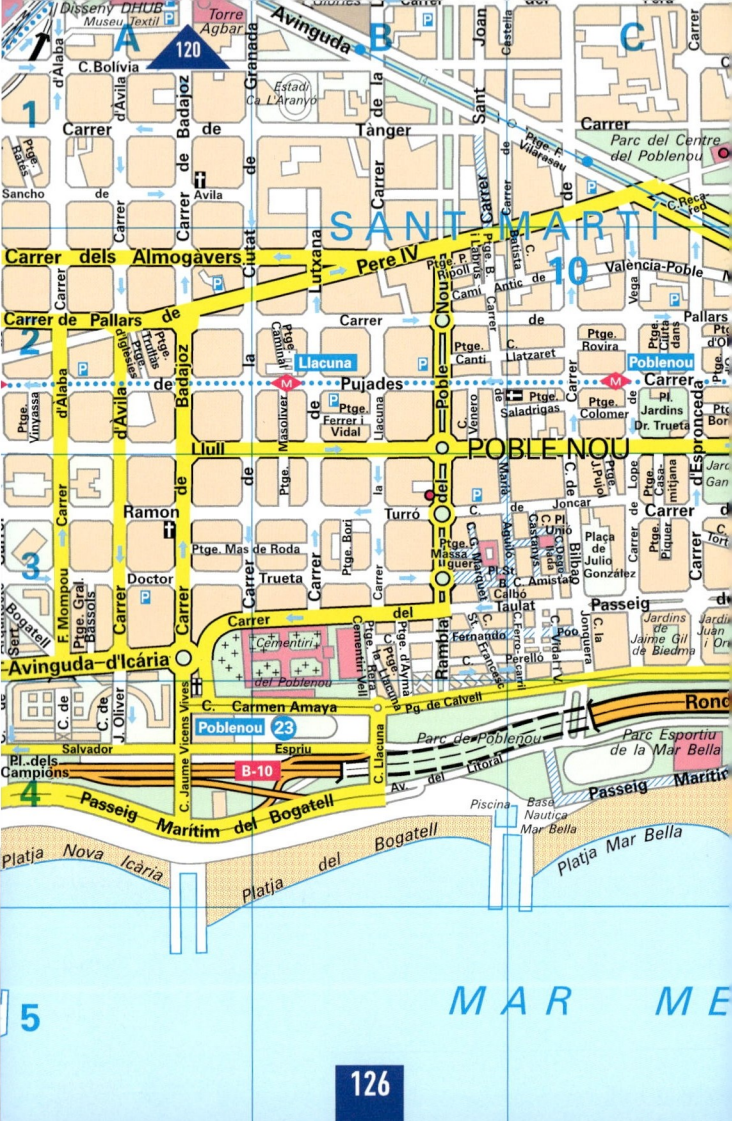

D   **E**   **F**

Bolívia

Carrer

Carrer   Mar   Marroc

de   Treball

C.   de   l'Agricultura

Ptge.   Coll

Selva   de

la   Ptge.   Treball

Carrer   Fluvià

Ptge.   Cusidó

de   Provençals

Selva de Mar

Carrer

de

mòn Turró

Pellaires

C. dels Ferrers

Plaça de Ramon Calsina

Taulat

Jardins de Manuel Sacristán

Jardins de Josep Maria Sostres

Passeig

Pere IV

Ptge.   Josep   Carrer

Cristóbal

Venecuela

C.

Pallars

Carrer

Puigcerdà

Carrer   del

Bolívia   Marroc

del

Carrer

Ptge.   Taulat

de

de

de

del

de

Carrer

C.   dels   Veïns

Pallars

Carrer

Pere IV

Ptge.   Foret

121

C. d'Auger   C. J.Huguet

Jubany

C.   Germans   Serra

Pl.   Nazaria   March

Prim

de

el   Maquinista

C. de Bernat Desclot

1 2 3 4 5 6   Perpinyà

C.   Lluís Dalmau

BESÒS   **1**

C.   Jaume Huguet

Moura

de Ferrer Bassa

C. Lluís Borrassà

Messina

Carrer

Carrer

MARESME

Diagonal

Carrer   de

Carrer

Carrer

Pujades

El Maresme-Fòrum

Pl. del Maresme

Llull

Carrer

d'Alfons

Besòs Mar

J. Fabré

Carrer

Parc Diagonal Mar

Josep   Pla

Centre Com. Diagonal Mar

Plaça de Llevant

Museu Blau (Ciències Naturals)

Rambla

del

3

Ronda   de   Sant

Litoral

Passeig

Carrer

Plaça de Willy Brandt

CCIB Centre de Convencions

Carretera   a

Plaça Fòrum

Litoral

P **24**   Besòs

Josep Pla

Parc Infantil

Fòrum Universal de les Cultures

la   Mar   Bella

tja Nova Mar Bella

Platja de Llevant

Parc dels Auditoris   **4**

N

250m

5

I T E R R À N I A

Das Register enthält eine Auswahl der im Cityatlas dargestellten Straßen und Plätze

A

Abdó Terrades, C. 119/D2
Aigües, Carretera de les 110/A1
Àlaba, Carrer d› 126/A2-A3
Albareda, C. d' 108/A5-124/A3
Albert Pinyol, Ptge. 117/E2
Alcalde de Móstoles, C. de l' 119/F2
Alcoi, Carrer d' 112/A1
Aldana, C. 123/F2
Alegre de Dalt, C. de l' 119/E1
Alexandre Galí, C. d' 114/C5-120/C1
Alfons el Savi, Pl. 113/E5-119/E1
Alfons XII, Carrer d' 118/B1
Alí Bei, C. d' 109/F1-125/E1-D1
Alió, Ptge. d' 119/D2
Almenara Alta, C. 120/B4
Almirall Aixada, C. 124/C5
Almirall Cervera, C. 124/C5
Almogàvers, Carrer dels 125/E2
Aloi, Ptge. d' 120/B2
Alzina, C. 113/D5-119/D1
Amargor, C. de l' 120/B3
Amèrica, C. d' 120/B2
Amigó, C. d' 118/A1
Amistat, C. 126/C3
Amnistia Internacional, Calle de 116/
A5-122/A1
Ample, C. 108/C5-124/B3
Andrade, Carrer d' 121/E4
Andrade, C. d' 120/C4
Andrea Dòria, C. d' 125/D4
Andreví, Ptge. 120/B2
Angel, C. 112/C5-118/C1
Angels, C. dels 108/B2-124/B2
Àngels, Pl. dels 108/B1-124/A1
Anglesola, C. d' 111/D5-117/D1
Anglesola, Ptge. 120/A3
Angli, Carrer d' 118/A1
Annibal, C. 123/E2
Antic de Bofarull, C. 120/B3
Antic del Guinardó, C. 120/B1
Antic de València-Poble Nou, Camí
126/B2
Antoni Gassol, Ptge. 120/C4
Antoni López, Pl. d' 109/D4-124/C3
Aragó, Carrer d' 117/D4-118/A4-119/
E4-120/B4
Arcàdia, Ptge. 117/E2
Arc del Teatre, C. de l' 108/A4-124/A3
Arcs, C. dels 109/D2-124/C2
Argenteria, C. 109/D3-E3-124/C3
Aribau, Carrer d' 118/B5-B2
Armada, Plaça de l' 123/F4
Arquitecte Sert, C. de l' 125/F4-126/A4
Art, C. de l' 114/B5-120/B1
Artemis, Ptge. d' 120/C2
Astúries, C. d' 112/C5-118/C1
Augusta, Via 111/E2-F4-112/A4-118/B2

Aurora, C. l' 108/A3-124/A2
Ausiàs Marc, Carrer d' 109/E1-118/
C5-124/C1
Avenir, Carrer de l' 112/A5-118/A1
Aviació, C. de l' 117/E1
Àvila, Carrer d› 126/A2-A3
Aymà, Ptge. d' 126/B3

B

Bac de Roda, Carrer de 127/D3
Badajoz, Carrer de 126/A2-A3
Badal, Carrer de 116/A4
Bailén, Carrer de 109/F1-119/D4-
125/D1
Balboa, C. 109/E5-125/D4
Balmes, Carrer de 112/B4-118/B5-B1
Banyoles, C. 119/D2
Banys, Ptge. 108/C4-124/B3
Barceloneta, Pl. 124/C4
Bassegoda, C. 116/A2
Bassols, C. 120/A4
Batista, C. 126/C2
Batlló, Ptge. 117/F3-118/A3
Beethoven, C. 115/F5-117/F1
Béjar, C. de 117/D4
Benet Mercadé, C. 118/C1
Berenguer de Palou, C. 121/D2
Berenguer Gran, Pl. de 109/D3-124/C2
Berga, C. 112/C5-118/C1
Bergara, C. 108/C1-118/B5-124/B1
Berguedà, C. 117/E1
Berlin, Carrer de 117/D2
Bernes de las Casas, C. 119/F2
Bertrand i Serra, C. 111/F3-112/A3
Besalú, C. de 120/B3
Bíada, C. 112/C5-118/C1
Bilbao, Carrer de 126/C2
Bilbao, C. de 126/C3
Biscaia, Carrer de 120/C3
Blai, Carrer de 123/F2
Blasco de Garay, C. 123/E3
Blesa, C. 123/F3
Bòbila, C. 123/E2
Bocabella, Ptge. 119/E4
Bofarull, C. de 120/C3
Bofill, Ptge. 119/F4
Bogate II, Av. de 125/F2
Bolívia, C. 125/A5-121/E5-126/
C1-A1-127/E1
Bonanova, Passeig de la 111/E2
Bonavista, C. 118/C2
Boné, Ptge. de 119/F1
Bon Pastor, C. 118/A2
Boqueria, C. 108/C3-124/B2
Borbó, Av. de 114/C4
Bordeus, C. 117/E1
Borell i Soler, C. 110/C2
Bori, Ptge. 126/B3

Born, Pg. del 109/E4-124/C3
Borrell, Ptge. 126/C2
Borriana, C. de 115/E5-121/E1
Bosch, C. 118/B2
Bosch i Labrús, Ptge. 126/B2
Brasil, C. del 116/B2
Breda, C. 117/E2
Bruc, Carrer del 109/E1-119/D5-D4-
125/D1
Brugada, Pl. 125/D5
Bruniquer, C. de 119/D1
Brusi, Carrer de 112/B5-118/B1
Buenaventura Muñoz, C. de 125/D2
Buenos Aires, Carrer 117/F2

C

Caba, Ptge. 117/E2
Caballero, C. de 117/D2
Cabanes, C. de 108/A4-123/F3
Cabestany, C. 111/D5
Caixa d'Estalvis, Ptge. 120/B2
Calàbria, Carrer de 117/F4-123/F2
Callao, C. del 117/D4
Calvet, Carrer de 118/A1
Camil Fabra, C. 115/E5-121/E1
Caminal, Ptge. 126/B2
Camp d'En Vidal, C. 112/A5-118/A1
Campions, Pl. dels 125/F4-126/A4
Campo Florido, C. 114/C5-120/C1
Camprodon, C. 119/D2
Canadell, Ptge. 119/F3
Can Mateu, Bda. 114/B2
Cano, C. 118/C1
Canonge Rodó, Pl. 120/B4
Can Pujolet, C. 114/A3
Can Robacols, Pl. 120/B3
Cantàbria, Carrer de 121/E5
Canti, Ptge. 120/B2
Can Tunis, Passeig de 122/B5
Canuda, C. 108/C2-124/B1
Caputxins, Ptge. 119/D3
Cardenal Cicognani, Pl. 115/D5-
121/D1
Carders, C. 109/E3-124/C2
Cardona, Pl. 112/B5-118/B1
Cariteo, C. 123/E2
Carles Buïgas, Pl. 123/D1
Carles Ibáñez, Plaça 123/F4
Carles III, Gran Via de 110/C5-116/C1
Carme, Carrer del 108/A2-124/A2
Carme, Pl. 117/E1
Carmel, Rambla del 113/F2-114/A2
Carmen Amaya, C. 126/A4
Carrera, C. 108/A5-124/A4
Carretes, C. de les 108/A2-124/A2
Carsi, Ptge. 119/F3
Cartagena, Carrer de 120/A2-A4
Cartellà, Carrer de 114/C2

STRASSENREGISTER

Casamitjana, Ptge. **126/C3**
Casanova, Carrer de **108/A1-118/A5-A3**
Cascades, Pl. de les **123/D1**
Casp, Carrer de **118/C5-119/D5-124/C1-125/D1**
Castanys, C. **126/C3**
Castell, Av. del **123/D4**
Castella, Carrer de **126/C1**
Castella, Plaça de **118/A5-124/A1**
Castillejos, Carrer de **119/F2-F4**
Catalunya, Plaça de **109/D1-118/B5-124/B1**
Catalunya, Ptge. **120/B2**
Catalunya, Rambla de **118/B5**
Catedral, Av. **109/D2-124/C2**
Cavallers, Carrer dels **110/A2**
Centelles, Carrer de **120/A3**
Centre, Pl. del **117/D2**
Cera, C. de la **108/A2-123/F2-124/A2**
Cerignola, C. **111/F3-112/A3**
Cervantes, Carrer de **109/D4-124/B3**
Cid, C. del **108/B4-124/A3**
Cienfuegos, C. **115/D5-121/D1**
Cigne, C. del **118/B1**
Cinc Torres, Ptge. de **117/E1**
Circumval·lació, Carretera de **122/A5**
Circumval·lació, Passeig de **109/F4-125/D3**
Ciudad, Calle de la **109/D4-124/C3**
Ciutadans, Ptge. **126/C3**
Ciutat de Granada, C. de la **126/B3**
Clot, Carrer del **120/B4**
Còdols, C. de **108/C4-124/B3**
Coll i Vehi, C. de **120/B5**
Colom, Passeig de **108/C5-124/B4**
Colomer, Ptge. **126/C2**
Comandant Benítez, Carrer del **110/B5-116/B1**
Comerç, C. del **109/F4-125/D3**
Comercial, C. de **109/F4**
Companya, Ptge. **120/C1**
Comtal, C. **109/D1-124/C1**
Comte Borrell, Carrer del **123/F2**
Comte de Salvatierra, C. **118/B2**
Comte de Santa Clara, C. **124/B4**
Comte d'Urgell, Carrer del **108/A1-117/F5-118/A5-123/F1**
Comtes de Bell-lloc, Carrer dels **117/D3**
Comtessa de Pardo Bazán, C. **115/D5-121/D1**
Conca, C. de **120/B2**
Concepció, Ptge. de la **118/B3**
Concepció Arenal, C. de **120/C2**
Concili de Trento, Carrer del **120/B4-121/E4**
Concòrdia, C. de la **123/E2**
Congost, C. **113/D5-119/D1**
Consell de Cent, Carrer del **117/E4-118/D4**
Consolat de Mar, C. **109/E4-D4-124/C3**
Constància, Ptge. de la **120/B2**

Constitució, Carrer de la **116/A4**
Copèrnic, Carrer de **111/F4-112/A4**
Coradino, Ptge. **119/E3**
Còrsega, Carrer de **117/E2-118/B2-119/D2**
Còrsega, Ptge. **120/A3**
Cortines, C. **109/F2-125/D2**
Corts, C. les **110/C5-116/C1**
Corts, Travessera de les **110/B5-116/B1-117/D1**
Corts Catalanes, Gran Via de les **117/E5-120/A5**
Corunya, C. de la **120/A4**
Costa, Ptge. **112/C3-116/A1-119/F2-120/A2**
Creu Coberta, Carrer de la **116/C3**
Creu dels Molers, C. de la **123/E2**
Cristóbal de Moura, Carrer de **126/C1**
Cuba, C. **115/E5-121/E1**

D

Dàlia, Carrer de la **116/C5-122/C1**
Dalt, Ronda de **110/B1-111/F1-112/C1-115/E1**
Dalt, Travessera de **112/C4**
Dante, Plaça de **123/E3**
Dante Alighieri, Carrer de **113/F1-114/A1**
Degà Bahí, C. del **120/B3**
Degollada, C. **126/C3**
Democràcia, C. de la **120/B4**
Dènia, C. **118/B1**
Déu i Mata, Carrer de **111/D5-117/D1**
Diagonal, Avinguda **111/D5-117/E1-118/B2-119/E4-120/A5-126/B1**
Diamant, Pl. del **112/C5-118/C1**
Diluvi, C. **118/C2**
Diputació, Carrer la de **117/E4-118/C4**
Doctor Aiguader, C. de **109/F5-E5-125/D4**
Dr. Dou, C. **108/B2-124/B2**
Dr. Ibáñez, C. **111/D5-117/D1**
Dr. Ignacio Barraquer, Pl. **117/E1**
Dr. Letamendi, Plaça **118/B4**
Doctor Marañón, Av. del **110/A3**
Dr. Nubiola i Espinós, C. del **110/A4**
Doctor Pi i Molist, C. del **115/D3**
Dr. Pont i Freixas, Pl. **125/E4**
Dr. Rizal, C. **124/B3**
Doctor Roux, C. del **111/E4**
Dr. Serrat, Pl. **120/B3**
Dr. Torent, Ptge. **120/C2**
Doctor Trueta, Carrer de **125/E3**
Dr. Valls, C. **114/C5-120/C1**
Domingo, Ptge. **118/B3**
Domínguez i Miralles, C. **111/D1**
Dos de Maig, Carrer del **120/A4**
Dos de Maig, Ptge. **120/A2**
Drassanes, Av. de les **108/B4-124/A3**
Drassanes, Pl. de les **108/B5-124/A4**

Duc de la Victòria, C. **108/C2-109/D2-124/B2**

E

Edison, C. **120/B4**
Elisabets, C. **108/B1-124/B1**
Elisi, C. de l' **117/D4**
Elisis Camps, Ptge. **118/C3**
Elkano, C. d' **123/E2**
Enamorats, Carrer dels **119/F4**
En Bot, C. d' **108/C2-124/B2**
Encarnació, Ptge. de l' **113/E5-119/E1**
En Fontrodona, C. d' **123/F3**
En Gignàs, C. d' **109/D4-124/C3**
En Grassot, Carrer d' **119/E3**
En Joanic, Pl. d' **119/D1**
Enric Bargés, C. d' **117/E1**
Enric Granados, Carrer d' **118/B4**
En Rocca, C. d' **108/C3-124/B2**
En Sagristà, Ptge d' **117/F2**
Entença, Carrer d' **117/E5-E3-E2-123/E1**
En Volart, Rambla d' **114/B5-120/B1**
En Xuclà, C. d' **108/C1-124/B1**
Equador, C. de l' **117/E2**
Escoles, C. **120/B4**
Escoles, Passatge de les **119/D4**
Escoles Pies, Carrer de les **111/F4**
Escorial, Carrer de l' **119/D1**
Escornalbou, C. d' **114/B5-120/B1**
Escultor Ordóñez, Carrer de l' **115/D3**
Escultors Claperós, C. **120/B4**
Espanya, Plaça d' **117/D5**
Esparreguera, C. **118/C2**
Esplugues, Carretera d' **110/A2-B2**
Espronceda, Carrer d' **120/C5-126/C1-C3**
Est, C. de l' **108/B4-124/A3**
Estadi, Avinguda de l' **122/B1**
Esteve Terradas, C. **112/C2**
Estruc, C. d' **109/D1-124/C1**
Eterna Memòria, C. d' **120/B2**
Eugeni d'Ors, C. d' **110/C5-116/C1**
Europa, Plaça d' **122/C2**
Exposició, Pg. de l' **123/E2**

F

Fabra i Puig, Passeig de **114/C1-115/D4**
Fabra i Puig, Prolongació **115/D1**
Fàbrica Vilarasau, Ptge. **126/C1**
Far, Camí del **123/D5**
Farnés, Carrer **113/F1-114/A1**
Favència, Via **115/F1**
Felip Bertran, C. **115/D5-121/D1**
Felip II, Carrer de **121/D3**
Feliu, C. **114/B5-120/B1**
Fernando Poo, C. **126/B3**
Ferran, C. de **108/C3-124/B2**
Ferran Reyes, P. **120/C2**
Ferrer de Blanes, C. **118/C2**

Ferrer i Vidal, Ptge. 126/B2
Ferrocarrils Catalans, C. dels 116/B5-122/B1-A2
Finestrat, C. 120/A3
Flaugier, Ptge. 120/B2
Floridablanca, Carrer de 117/E5-123/E1
Foc, Carrer del 122/B3-A2-123/E4
Foment i les Banderes, Carretera del 122/B3
Fonollar, C. 109/E2-124/C2
Font, Pl. de la 125/D4
Font, Ptge. 119/E3
Fontanella, C. 109/D1-124/C1
Font Castellana, Pl. de la 113/F5-114/A5
Font Florida, Carrer 116/B5-122/B1
Font Honrada, C. 123/E1
Fontova, C. 120/B3
Font Trobada, Camí de la 123/F3
França Xica, C. de la 123/E2
Francesc Alegre, C. 113/F5-114/A5
Francesc Cambó, Av. 109/E2-124/C2
Francesc Ferrer i Guàrdia, Avinguda de 122/C1
Francesc Macià, Plaça 117/F1-118/A1
Francesc Tàrrega, C. 114/C5-120/C1
Francisco Giner, C. 118/C2
Francisco Manzano, C. 113/F5-119/F1
Fraternitat, C. 118/C2
Frederic Mompou, C. de 126/A4
Freser, C. del 120/B2
Fusina, C. de la 109/F3-125/D3

G

Gabriel y Galán, C. 120/B3
Gaiolà, Ptge. 119/E3
Gala Placídia, Pl. 118/B1
Galceran Marquet, C. 126/B3
Galileo, Carrer de 116/C3-C2
Gall, Plaça del 118/A4
Ganduxer, Carrer de 111/F5
Garcia Cambra, Ptge. 120/A1
Garcilaso, Carrer de 114/C5-120/C1
Garcini, Ptge. 120/B1
Garona, C. 115/E5-121/E1
Garrotxa, C. 120/C1
Gas, C. del 125/E4
Gaudí, Avinguda de 119/F3
Gaudí, Plaça de 119/F3
Gavà, Carrer de 116/B4
Gelabert, C. 117/E2
General Bassols, Ptge. 126/A3
General Castaños, C. 109/E5-124/C3
General Mitre, Ronda del 111/E4-112/A3
Gerard Piera, C. de 116/C1-117/D1
Ginebra, Carrer de 125/D4
Giralt i Pellicer, C. 109/E3-E2-124/C2
Girasol, Ptge. 120/B2
Girona, Carrer de 109/F1-119/D3-125/D1
Glòries Catalanes, Plaça de les 120/A5

González Tablas, C. 110/A2
Goya, Pl. 118/A5-124/A1
Gràcia, Passeig de 118/C5
Gràcia, Travessera de 118/A1-119/D2
Granada del Penedès, C. 118/B1
Gran Capità, Pl. 123/D4
Gran de Gràcia, C. 118/C2
Grases, C. 123/E2
Greenwich, C. de 120/B5
Guàrdia, C. 108/B4-124/B3
Guatemala, C. 120/B5
Guatlla, C. de la 116/C5-122/C1
Guilleries, C. de les 118/C1
Guinardó, C. 120/B2
Guinardó, Rda. del 114/C5-120/B1
Guinardó, Ronda del 113/E4
Guipúscoa, Carrer de 121/D4
Guitard, Carrer de 117/D3

H

Herenni, Pl. d' 117/D4
Hernan Cortés, C. 120/B4
Heroïnes de Girona, Pl. 120/A3
Hipòlit Làzaro, C. 119/E2
Hispanitat, Pl. 119/F4
Historiador Maians, C. de l' 120/A3
Hortes, C. 123/F3
Hortolans, C. 125/F4
Hospital, Carrer de l' 108/A2-124/A2
Huelva, Carrer de 121/D4
Hug de Rocabertí, Carrer d' 111/D5-117/D1

I

Icária, Avinguda d' 125/F4-126/A3
Ictinio, Pl. 124/C4
Igualada, C. 119/D2
Immaculada, Carrer de la 111/F1
Independència, Carrer de la 120/A4
Indústria, Carrer de la 119/D2-120/A2
Infant, C. de l' 120/B3
Isabel II, Pg. 109/D5-124/C3

J

Jadraque, C. 113/F2-114/A2
Jaén, C. 112/C5-118/C1
Jardins Dr. Trueta, Pl. 126/C2
Jaume Fabra, C. 123/E2
Jaume Giralt, C. 109/E3-125/D2
Jaume I, C. 109/D3-124/C2
Jaume II, Pl. 123/E2
Jaume Vicens Vives, C. 126/A4
Jerez, Carrer de 114/B1
Jerusalem, C. 108/B3-C3-124/B2
Jesús, C. de 118/C2
Joan Blanques, C. 119/D1
Joan Carles I, Plaça 118/C2
Joan d'Austria, Carrer de 125/F3
Joan de Borbó, Passeig de 124/C5

Joan de Peguera, Carrer 120/B3
Joan Gamper, C. 111/D5-117/D1
Joan I, C. 120/B4
Joan Oliver, C. de 126/A4
Joan XXIII, Avinguda de 110/B5
Joaquim Blume, C. 123/D1
Joaquim Renart, Pg. 109/F3-125/D2
Joaquim Ruyra, C. de 119/E2
Joaquin Costa, C. 108/B2-124/A1
Joncar, C. de 126/B3
Jonquera, C. la 126/C3
Jonqueres, C. 109/E1-124/C1
Jordi de Sant Jordi, C. 120/C1
Josepa Massanès, C. 120/B3
Josep Anselm Clavé, C. 108/C5-124/B3
Josep Carner, Passeig de 124/A4
Josep Ciurana, C. 113/F5-119/F1
Josep Estivill, C. 120/C2
Josep Pla, Carrer de 127/E2
Josep Soldevila, Carrer de 121/F1-E2
Josep Tarradellas, Avinguda de 117/E3
Josip Vicenç Foix, Avinguda de 111/D1
Jovellanos, C. 108/C1-124/B1
Juan de Garay, C. de 120/C2
Judici, C. 124/C5
Jula, C. 123/E2
Júlia, Via 115/E2
Julián Besteiro, C. 121/D4
Julián Romea, C. 118/B1
Julio González, Plaça de 126/C3
Juliol, C. 114/B5-120/B1
Junta de Comerç, C. 108/B3-124/B2

K

Klein, Ptge. 121/D5-127/D1

L

Lafont, C. de 123/F3
Laforja, Carrrer de 112/A5-118/A1
Laforja, C. de 112/B5-118/B1
Laietana, Via 109/D4-D2-124/C3
La Rambla 108/C4-C2-124/B3-B2
Legalitat, C. de la 113/D5-119/D1
Leopoldo Alas, C. 112/C5-118/C1
Lepant, Carrer de 125/F1
Lepant, C. de 119/F2
Litoral, Av. del 126/B4
Litoral, Ronda 109/F5-122/C5-125/D4-126/C4
Llacuna, C. 120/B5-126/B4
Llacuna, Carrer de la 126/B3
Llacuna, Carrer la 126/B3
Llagostera, C. 120/B3
Llançà, C. 117/E4
Llatzaret, C. 126/B2
Llauder, C. de 109/E5-124/C3
Lleida, C. de 123/D2
Lleó, Ptge. 119/F3-120/A3
Llevant, Plaça de 127/F3
Llibertat, C. de la 118/C2

STRASSENREGISTER

Llibertat, Pl. 118/C1
Lligalbe, Torrent 113/F5-119/F1
Llobregat, C. del 122/A2
Llobregós, Carrer del 113/F2
Llorca, Pl. 116/B5-122/B1
Llorens i Barba, C. 119/F1
Lluçanès, Carrer del 112/A1
Lluís Antúnez, C. 118/B2
Lluís Companys, Passeig 109/F2-125/D2
Llull, Carrer de 125/E2-127/F2-D2
Lluna, C. la 108/B2-124/A1
Londres, Carrer de 117/F2
Lope de Vega, C. de 120/C4-126/C3
Lorenzale, C. 120/B2
Loreto, C. de 117/E2
Lotus, C. de 116/C5-122/C1
Lutxana, Carrer de 126/B3

M

Madrazo, Carrer dels 112/A5-118/A1
Madrid, Avinguda de 116/B1
Magalhaes, Carrer de 123/E2
Magdalenes, C. 109/D2-124/C2
Major de Sarrià, C. 111/E3
Malats, C. de 115/F3
Mallorca, Carrer de 117/E3-118/B3-119/E3-120/A3
Mallorca, C. de 117/D3
Mandri, C. de 112/A3
Manrique Lara, C. de 113/D5-119/D1
Manso, Carrer de 123/E1
Manuel Girona, Passeig de 110/C3
Maó, C. de 111/F2-112/A2
Maquinista, C. la 124/C4
Mar, C. del 124/C5
Mar, Pl. del 124/C5
Maragall, Passeig de 114/B2-120/B2
Maragall, Pl. de 120/C1
Marçal, Ptge. de 116/A4
Mare de Déu del Remei, C. 123/E1
Mare de Déu dels Àngels, C. de la 113/E1
Mare de Déu dels Desemparats, Carrer de la 118/C2
Mare de Déu de Montserrat, Avinguda de la 113/F4
Mare de Déu de Port, Carrer de la 122/A2-A5
Maresme, C. del 127/F2
Margarida Xirgu, Pl. 123/E2
Margarit, Carrer de 123/E3
Maria, C. de 118/C2
Marià Aguiló, Carrer de 126/B2
Marià Cubí, C. de 112/A5-118/A1
Maria Lavèrnia, C. 113/F4-114/A4
Marina, Carrer de la 119/F5-F4-125/F5-F4-F1
Marítim de la Barceloneta, Passeig 125/D5
Marítim de la Mar Bella, Passeig 126/C4
Marítim del Bogatell, Passeig 126/A4

Marítim del Nova Icària, Passeig 125/F4
Marquesa, C. 109/E5-124/C3
Marquesa de Vilallonga, C. de la 111/F2
Marquès de Barberà, C. del 108/B3-124/A3
Marquès de Campo Sagrado, C. del 123/F2
Marquès de Foronda, Pl. 123/D1
Marquès de l'Argentera, Av. 109/E4-124/C3
Marroc, Carrer del 126/C1-127/E1
Martínez de la Rosa, C. 118/C2
Martràs, Ptge. 123/E2
Mas Casanoves, C. del 119/F1
Maspons, C. 118/C1
Maspons i Labrós, C. 114/B5-120/B1
Mas Pujol, C. 114/B3
Massens, C. la 113/D5-119/D1
Mata, C. 123/F3
Matanzas, C. 120/C4
Maternitat, Carrer de la 110/B5-116/B1
Mateu, C. 112/C5-118/C1
Mejia Lequerica, C. 110/C5-116/C1
Melis, Torrent de 114/A5-120/A1
Méndez Núñez, C. 109/F2-125/D1
Menorca, Carrer de 121/D3
Mercaders, C. 109/E3-124/C2
Mercat, Pl. 120/B4
Mercè, C. de la 108/C5-124/B3
Meridiana, Avinguda 115/E4-120/B3-125/E2
Meridional, C. 120/B4
Mestre Nicolau, C. 111/F5-117/F1
Metges, C. 109/E3-E2-125/D2
Mèxic, Carrer de 117/D5
Milà i Fontanals, C. 119/D2
Milton, C. 118/B1
Mineria, Carrer de la 116/A5-122/A1
Minerva, C. 118/B2
Mirador, Plaça del 123/F1
Miralers, C. 109/E3-124/C3
Miramar, Avinguda de 123/F3
Miramar, Carretera de 123/E4
Miramar, Passeig de 123/E3
Miret i Sans, Carrer 110/B2
Mir Geribert, C. de 117/D5
Mistral, Avinguda de 117/E5-123/E1
Moià, C. 118/B1
Moianès, Carrer del 116/C5
Moles, C. les 109/D1-124/C1
Moliner, C. de 112/B5-118/B1
Monistrol, C. 119/D2
Montcada, C. 109/E3-124/C2
Montfar, C. 117/D5-123/D1
Montjuïc, Carretera de 123/E4
Montjuïc, Passeig de 123/F3
Montmany, C. de 119/D1
Montnegre, C. 117/E1
Monts, C. 108/B4-124/B3
Montseny, C. del 112/C5-118/C1
Montsió, C. 109/D2-124/C1
Monturiol, C. 120/C5

Morabos, C. 117/D5-123/D1
Morales, C. 117/E1
Moscou, C. de 125/E4
Mossèn Jacint Verdaguer, Pl. 119/D3
Mozart, C. 118/C2
Municipi, C. 120/B4
Munner, C. 111/F2-112/A2
Muntaner, Carrer de 112/A5-118/A5-A5-A1
Muntanya, C. 120/B4-B3
Múrcia, Carrer de 120/C3
Murillo, C. 123/E2

N

Nació, Carrer de la 120/B2
Nadal, C. de 115/E5-121/E1
Nadal, Pl. 115/E5-121/E1
Nàpols, Carrer de 119/E3-125/E2
Narcís Oller, Pl. 118/B2
Navas, Pl. de 123/E2
Navas de Tolosa, C. de las 120/C4
Niça, C. de 113/F5-114/A5-119/F1-120/A1
Nicaragua, C. 117/E3
Nicaragua, Carrer de 117/E2
Nord, C. 116/C5-122/C1
Nou de la Rambla, Carrer 123/E3
Nou de Sant Francesc, C. 108/C4-124/B3
Numància, Carrer de 111/D5-117/D3-D1

O

Oblit, Carrer de l' 114/B5-120/B1
Olesa, C. d' 120/C1
Oliana, C. d' 112/B5-118/B1
Olímpic, Passeig 123/D3
Olivera, C. de l' 123/E1
Olzinelles, C. d' 116/B4
Om, C. de l' 108/B4-A4-124/A3
Onze de Setembre, Pg. 115/E5-121/E1
Or, C. de l' 113/D5-119/D1
Ortigosa, C. 109/E1-124/C1

P

Pablo Neruda, Pl. 119/E4
Padilla, Carrer de 119/F4
Padilla, C. de 119/F2
Països Catalans, Pl. dels 117/D3
Palau, Pla. del 109/E4-124/C3
Palaudàries, C. 108/A5-123/F3-124/A3
València, C. de 120/C3
Palla, C. de 108/C3-124/B2
Pallars, Carrer de 125/F2-126/F2-127/E2-D2
Paloma, C. de la 108/A1-118/A5-124/A1
Pamplona, Carrer de 125/F3-126/A3
Paraguai, C. 121/E5
Paral·lel, Avinguda del 117/E5-123/E1

Pare Laínez, C. 119/E1
Pare Roldós, C. 114/C5-120/C1
París, Carrer de 117/E2
Parlament, Carrer 123/F2
Pasqual i Vila, C. 110/B4
Pau Casals, Av. 111/F5-117/F1
Pau Claris, Carrer de 118/C5
Pau Gargallo, Carrer 110/A3
Pau Hernández, Ptge. 120/A3
Pau Romeva, C. 117/E1
Pau Vila, Pl. de 109/E5-124/C4
Pearson, Avinguda de 117/E1
Pedralbes, Avinguda de 110/C3
Pedrera del Mussol, C. 122/B2
Pedreres, C. 123/E2
Pelai, C. de 108/C1-118/B5
Pere Costa, C. 113/F5-119/F1
Pere de Montcada, C. 111/D1
Pere IV, Carrer de 121/D5-125/
    F2-126/C1
Perelló, C. 126/B3
Pere Serafí, C. 118/C1
Perill, C. de 118/C2
Perla, C. la 118/C1
Perú, Carrer del 120/B5-121/D5-126/
    B1-127/D1
Pescadors, C. 124/C5
Peu de la Creu, C. del 108/B2-124/A1
Pi, C. del 108/C3-124/B2
Picasso, Passeig de 109/F4-125/D3
Pi i Margall, C. de 119/E1
Pinar del Río, C. 114/C5-120/C1
Pintor Fortuny, C. 108/B2-124/B1
Pintor Pahissa, C. 110/B5-116/B3
Piquer, C. de 123/F3
Pistó, C. 120/B3
Pius XII, Plaça 110/C4
Planeta, C. 118/C1
Poble Nou, Rbla. del 126/B4
Poeta Cabanyes, C. 123/F3
Pomaret, C. de 111/F2-F1
Pompeu Fabra, Pl. de 125/D4
Portaferrissa Boters, C. 108/C2-124/B2
Portal de l'Àngel, Av. 109/D2-124/C2
Portal de la Pau, Plaça del 108/
    B5-124/B4
Portal Nou, C. 109/F2-125/D2
Portugal, C. 115/E5-121/E1
Prat, Carretera del 116/A5-122/A1
Prat, Rbla. del 112/C5-118/B1
Prim, Rambla de 121/F4-127/F3
Príncep d'Àstúries, Av. del 112/C5
Príncep Jordi, C. 117/D4
Princesa, C. de la 109/E3-124/C2
Progrés, C. 118/C2
Provença, Carrer de 117/E3-118/
    B3-119/E3
Puerto Príncipe, C. 120/C1
Puigcerdà, Carrer de 121/E5-127/E2
Puiggarí, C. de 117/D2
Puiggener, C. 120/B4
Puig i Xoriguer, C. 108/A5-124/A4

Puigmartí, C. 118/C2
Pujades, Carrer de 125/F2-126/C2
Pujades, Passeig de 109/F3-125/D2
Puríssima Concepció, C. 123/E2

Q

Quevedo, C. 119/D2

R

Rabassa, C. de 113/D5-119/D1
Rabí Rubén, C. 116/C5-122/C1
Radas, C. de 123/E2
Ramelleres, C. 108/C1-124/B1
Ramis, C. 119/D2
Ramon Trias Fargas, C. de 125/E4
Ramon Turró, Carrer de 125/E3-126/C3
Ramón y Cajal, C. 119/D1
Raspall, Pl. 119/D2
Ratés, Ptge. 125/F1-126/A1
Raval, Rambla del 108/B3-124/A2
Rec, C. del 109/E4-125/D3
Recared, C. 126/C1
Rec Comtal, C. 109/F2-125/D2
Rector Triadó, C. del 117/D4
Regàs, C. 112/B5-118/B1
Regomir, C. 109/D4-124/C3
Reial, Plaça 108/C3-124/B3
Reig i Bonet, C. 113/D5-119/D1
Reina Amàlia, C. de la 108/A2-123/
    F2-124/A2
Reina Cristina, C. 109/E5-124/C3
Reina Maria Cristina, Avinguda de la
    117/D5-123/D1
Remei, C. del 111/D5-117/D1
Renaixença, Carrer de la 120/B1
República Argentina, Avinguda de
    la 112/C4
Revolució de Setembre de 1868, Pl. de
    la 118/C1
Ribera, C. 109/F4-125/D3
Ribes, Carrer de 125/E1
Ricardo Calvo, C. 111/F3-112/A3
Ricart, C. de 123/E2
Riera Alta, C. de la 108/A1-124/A1
Riera Baixa, C. 108/B2-124/A2
Riera Blanca, Carrer 116/A1-A3-A4
Riera d'Horta, C. 121/E2
Riereta, C. de la 108/A2-124/A2
Rio de Janeiro, Av. de 115/D4-E3
Ripollès, C. del 120/B3
Rita Bonnat, C. 117/E1
Rius i Taulet, Av. de 123/D1
Rius i Taulet, Pl. 118/C2
Robador, C. 108/B3-124/A2
Robí, C. del 112/C5-118/C1
Robrenyo, Carrer de 117/D2
Rocafort, Carrer de 117/E3-123/E1
Rogent, Carrer de 120/B3
Roger de Flor, Carrer de 119/E4-125/E2
Roger de Llúria, Carrer de 118/C5

Roine, C. del 115/E5-121/E1
Roma, Avinguda de 117/E3
Romans, C. 119/E1
Rosalía de Castro, C. 119/F2
Rosa Sensat, Carrer 125/F4
Ros de Olano, C. 118/C1
Roser, C. del 123/E3
Rosselló, Carrer del 117/E3-119/D3
Rossend Nobas, C. 120/B4
Rovira i Virgili, C. 115/E5-121/E1
Rubió i Ors, C. de 114/B5-120/B1
Ruiz de Padrón, Carrer 120/B3

S

Sagrada Família, Pl. de la 119/E3
Sagrera, Carrer de la 121/D3
Sagués, C. de 118/A1
Salinas, C. de 113/D5-119/D1
Salvà, C. 123/E3
Salvador Espriu, C. de 125/E4
Sancho de Avila, Carrer 125/F1
Santa Carolina, C. 119/F1
Santa Anna, C. 108/C2-124/B1
Santa Carolina, C. 119/F1
Sant Adrià, Carrer de 115/F5
Santa Eugènia, C. de 118/C2
Santa Eulàlia, C. 119/D2
Santaló, Carrer de 118/A1
Santa Madrona, C. de 108/A4-124/A3
Santa Madrona, Passeig de 123/D2
Santa Madrona, Pl. 123/E1
Santander, Carrer de 121/F3
Sant Andreu, C. Gran de 115/E5-
    121/F1
Sant Antoni, Ronda de 108/A2-A1-
    118/A5-124/A1
Sant Antoni, Travessia de 112/
    C5-118/C1
Sant Antoni Abat, Carrer de 108/
    A2-124/A1
Sant Antoni Abat, Ptge. 117/F5-123/F1
Sant Antoni Maria Claret, C. de 120/
    B2-A2
Santa Otília, C. 113/F3-114/A3
Santa Peronella, C. de 118/B1
Santa Rosalia, C. 113/E1
Santa Tecla, C. 118/C2
Santa Teresa, C. 118/C2
Santa Teresa, Ptge. 113/F2-114/A2
Sant Bernat Calbó, Pl. 126/B3
Sant Carles, C. 124/C4
Sant Ciril, C. 113/F5-119/F1
Sant Cristòfer, C. 118/C1
Sant Domènec, C. 118/C1
Sant Elm, C. 124/C5
Sant Ferriol, C. 117/D5
Sant Francesc, C. 126/B3
Sant Gabriel, C. 118/C1
Sant Gervasi, Passeig de 112/B2
Sant Gil, C. 108/A1-124/A1
Sant Iscle, Carrer de 115/D3
Sant Jaume, Pl. 109/D3-124/C2

STRASSENREGISTER

Sant Jaumé, Ptge. 113/F1-114/A1
Sant Joan, Passeig 109/F1
Sant Joan, Passeig de 109/F1-119/D5-125/D1
Sant Joan de la Salle, C. 112/A1
Sant Joan de Malta, Carrer 126/B1
Sant Joaquim, C. 118/C1
Sant Jordi, Plaça de 116/B5-122/B1
Sant Josep de Calassanç, Pl. 120/A2
Sant Lluís, C. de 119/D1
Sant Marc, C. 112/B5-118/B1
Sant Miquel, Riera de 118/C2
Sant Nicolau, C. 117/D4
Sant Pau, Carrer de 108/A3-123/F2-124/A2
Sant Pau, Ronda de 108/A3-123/F2
Sant Pere, Pl. 109/F2-125/D2
Sant Pere, Ptge. 113/F5-119/F1
Sant Pere, Ronda de 109/D1-118/C5-124/C1
Sant Pere més Alt, C. 109/E2-124/C1
Sant Pere més Baix, C. 109/D2-124/C2
Sant Pere Mitjà, C. 109/E2-118/C2-124/C2
Sant Quintí, C. de 120/A2
Sant Rafael, C. de 108/A3-124/A2
Sant Roc, C. 117/D5
Sants, Carrer de 116/A1
Sant Vincenç, C. 108/A2-124/A1
Sardana, Pl. de la 123/E4
Sardenya, Carrer de 119/E4-E2-125/E3-E1
Sarrià, Avinguda de 111/E4
Secretari Coloma, C. del 119/E2
Segons Jocs Mediterrainis, C. dels 123/D2
Selva de Mar, Carrer de la 121/D5-127/D2
Sèneca, C. 118/B2
Sepúlveda, Carrer de 117/E5-123/E1
Sibelius, C. 120/B3
Sicilia, Carrer de 119/E5-E3
Siracusa, C. 118/C2
Sol, C. d. 118/C1
Sol, Plaça del 123/D3
Sol, Pl. del 118/C1
Solà, C. de 111/D5-117/D1
Soler i Rovirosa, C. 120/B4
Surtidor, Pl. del 123/E2
Sospir, C. 120/B3
Sots-Tinent Navarro, Carrer del 109/D4-124/C3

T
Tagamanent, C. 119/D2
Tallers, C. dels 118/B5-124/B1
Tamarit, Carrer de 123/E1
Tànger, Carrer de 125/F1-126/A1
Tantarantana, C. 109/E3-F3-125/D2
Tàpies, C. de les 108/A4-124/A3

Tapioles, C. de 123/E3
Taquígraf Garriga, Carrer del 111/D5-117/D1
Taquígraf Martí, C. 110/C5-116/C1
Taquígraf Serra, C. 117/E2
Tarragona, Carrer de 117/D4
Taulat, Carrer del 126/A3
Taulat, Passeig del 126/C3-127/D3
Taxdirt, C. de 119/E1
Tècnica, Av. de la 123/D2
Tenor Viñas, C. del 111/F5-117/F1
Teodor Bonaplata, C. 123/E2
Teodor Llorente, C. 120/B1
Ter, C. 120/B4
Terol, C. 117/D1
Tetuan, Plaça de 119/D5
Thous, C. de 113/F5-119/F1
Tibidabo, Avinguda del 112/B2
Tibidabo, C. 121/F4
Tigre, C. de 108/A1-118/A5-124/A1
Tomàs Padró, C. 120/C3
Topazi, C. 112/C5-118/C1
Tordera, C. de 118/C2
Torras i Bages, Pg. de 115/F4
Torras i Pujalt, C. 111/F3-112/A3
Torre Damians, C. de la 117/D2
Torrent de les Flors, C. 119/D1
Torrent de les Roses, C. 110/A1
Torrent de l'Olla, Carrer del 118/C2
Torrent d'En Vidalet, C. del 119/D1
Torres, C. 118/C2
Torre Vélez, C. 120/B1
Torrijos, C. 119/D1
Torroella de Montgrí, C. 115/D5-121/D1
Tortella, C. 126/C3
Trafalgar, Carrer de 109/E1-124/C1
Trajana, Via 127/E1
Tres Pins, Carrer dels 123/D3
Tres Senyores, C. 113/D5-119/D1
Trilla, C. 112/C5-118/C1
Trinxant, C. 120/B2
Tubella, C. 117/D2
Turull, Pg. del 113/D3
Tuset, C. 118/B2

U
Unió, C. la 108/B3-124/B2
Unió, Pl. 126/C3
Univers, Plaça de l' 117/D5-123/D1
Universitat, Plaça de la 118/A5
Universitat, Ronda 118/B5
Urquinaona, Pl. 109/E1-D1-118/C5-124/C1
Urrutia, Pg. d' 114/C1

V
València, Carrer de 117/D4-118/C4-A4-120/A4
Valentí Almirall, Pl. 120/B4

Valeta d' Arquer, C. 111/F1-112/A1
Vallcarca, Avinguda 112/C4
Valldaura, Passeig de 115/E2-D1
Vall d'Ordesa, Carrer de la 114/C1
Vallespir, Carrer de 117/D2
Vallfogona, C. 118/C1
Vallhonrat, C. 123/E1
Valls, C. 116/C5-122/C1
Varsòvia, Carrer de 114/A5-120/A1
Vehils, C. 118/C2
Vèlia, C. de 115/D4
Vell de Sarrià, Camí 117/E2
Venero, C. 126/B2
Ventalló, C. 119/E2
Verdi, C. de 113/D4-D5-119/D1
Verdum, Pg. del 115/D2
Verneda, C. de la 120/B4
Vic, C. 118/C2
Vidal i Valenciano, C. 126/C3
Vidiella, C. 120/B3
Vidriol, C. 117/D4
Vila de Madrid, Pl. 108/C2-124/B1
Viladomat, Carrer de 117/F3-123/F2
Vila i Vilà, Carrer de 108/A4-123/F3
Vilamarí, Carrer de 117/E5
Vilamur, C. 111/D5-117/D1
Vilana, C. de 111/F2-112/A2
Vilanova, Av. 125/D1
Vilaret, Ptge. 113/F3-120/A3
Villar, C. de 120/B1
Villaroel, Carrer de 108/A1-118/A4-124/A1
Villena, C. 125/E3
Vinya, C. de la 114/B5-120/B1
Vinyals, Carrer de 120/B1
Vinyassa, Ptge. 125/F2-126/A2
Viriat, C. de 117/D3
Virreina, Pl. de la 113/D5-119/D1
Virtut, C. d. 118/C2
Voluntaris Olímpics, Pl. 125/E4

W
Wagner, Plaça 111/F5-117/F1
Wellington, Carrer de 125/E3
Willy Brandt, Plaça de 127/E3

X
Xifré, C. de 120/A4
Xiprer, C. de 120/B1
Xiquets de Valls, C. 118/C1

Z
Zamora, Carrer de 125/F3
Zona Franca, Passeig de la 122/A3

ABC

Im Register finden Sie alle in diesem Reiseführer beschriebenen Sehenswürdigkeiten, Museen, Unterkünfte, Gaststätten, Einrichtungen und Ausflugsziele sowie die Namen wichtiger Personen.

22@ 32
33/45 69
48 hours Open House Barcelona 15
Accessoires 55
Alberguinn Youth Hostel 87
Ale-Hop 55
Allen, Woody 31
Almodóvar, Pedro 31
Altstadtbummel 31
Amrey Sant Pau 83
Anreise 7
Antic Hospital de la Santa Creu 11
Antic Teatre 4, 20
Apartments 89
Art Ticket 21
Ateneu Popular de Nou Barris 20
Aussicht 27, 29
Ausstellungen 21
Auto 9
Bahn 9
Baixador de Vallvidrera 28
Banys Orientals 83
Bar Bodega L'Electricitat 38
Barcelona Blues 15
Barcelona Card 10
Barcelona Central Garden 87
Barcelona Nightcard 74
Barcelona Urbany 87
Barceloneta 13, 28, 38
Bar del Teatreneu 71
Bardem, Javier 31
Bar Fidel 37
Bar La Plata 5, 37
Bar Masía 39
Barrio Gótico, s. Gotisches Viertel
Bar Robadors 23, 77
Bars 37, 69
Bar Seco 39
Bauernkooperative 58
Bed & Breakfast 93
Berasategui, Martin 52
Be Sound Hostel 88
Beuys, Joseph 21
Big Bang Bar 77
Bodega E. Marin 39
Bodegas 37
Bon Area 58
Boqueríamarkt 11, 13
Bosc de les Fades Café 5, 99
Botanischer Garten 99
Böttcherhaus 101
Bücher 65
Bürgerzentren 14
Bus 9
CaixaForum 4, 21
Can Conesa 50
Can Maño 5, 41

Can Paixano 39
Cararamona 21
Casa Amatller 13
Casa Batlló 13
Casa Fuster 96
Casa Milà 13, 85
Casa Morera 13
Casas Outlet 62
Cash Converters 57
CCCB 20
Centre de Cultura Contemporània 20
Chatelet 71
Cinema Scope 55
Cinemes Méliès 18
Club de la Empanada 43
Clubs 77
Collecció de Carrosses Funebres 22
Collserola 28, 101
Comida de Olla 43
Conservatori Municipal de Música 25
Correfoc 16
Cosmocaixa 102
Curious 84
Custo Outlet 66
Daily Price 45
Dalmau, Custo 66
Depósito Legal 77
Desigual Outlet 63
Dessous 64
Dijous Concert 24
Díscos 77
Domènech i Montaner, Lluis 12, 83, 96
Domincal de Llibres 58
Eco Boutique Hostal Grau 93
El Borne 40
El Call 12
El Casal 43
El Collecionista 78
Elektronik 57
El Jardí 84
Els Encants 60
Els Encants Vells 58
Entspannung 27
Escola Superior de Música 25
Estació Disseny 91
Events 15
Extart & Panno 66
Fantàstik 56
Festa de la Mercè 16
Festa Major de Gràcia 15
Festivals 15
Filmoteca de Catalunya 19
Flamenco 75, 77, 79
Flamingos Vintage 61
Flohmärkte 60

FNAC 17
Font Màgica 29
Food 57, 58
Fremdenverkehrsamt 11
Fundació Joan Miró 12
Funicular 10
Garden House 5, 89
Gärten 12
Gaudí, Antoni 13, 32, 85
Gaudí Free Walking Tour 32
Gelida 43
Geschenkideen 55
Gewächshäuser 102
Golondrinas 99
Gotisches Viertel 12, 31
Gràcia-Viertel 15, 68
Gran Teatre del Liceu 11, 13
Gresca 52
Gutscheine 34
Hafenrundfahrt 99
Hangar 20
Harlem Jazz Club 75
Heliogàbal 79
Hello Barcelona Hostel 90
Historisches Museum 12
Hospital Sant Pau 83
Hostal Chic & Basic 94
Hostal Goya 94
Hostal Live Barcelona 95
Hostal Poblenou Bed & Breakfast 95
Hostel One Sants 90
Hostels 87
Hotel Continental 84
Hotel Paseo de Gràcia 85
Hotel Peninsular 86
Hotels 81
Im Freien 99
Inout Alberg 90
Internet 11
Itaca Hostel 91
Jachthäfen 13
Jamboree 75
Jardí Botànic 99
Jardi Joan Brossa 100
Jazzclubs 75
Jazz Sí Club 5, 75
Joggen 27
Johansson, Scarlett 31
Jonny Aldana Vermutería 40
J. Renobell 57
Jugendherbergen 87
Kathedrale 12, 31
Kino 18
Kneipen 69
Königspalast 31
Kulturfestival im Raval 17
Kultur für Kinder 102

> www.marcopolo.de/barcelona

REGISTER

Kulturinstitut Ramón Llull 23
Kulturzentren 20
La Bombeta 45
La Cazalla 40
La Cuina de la Mamma 50
La Fábrica 40
La Fonda 45
La Pedrera 13
La Roca Village 66, 97
Last Minute 19
L'Avia 45
La Virreina 23
Lefties 63
L'Encant de Gràcia 61
Livemusik 77
Loidi 52
Los Tarantos 79
L'Ovella Negra 71
Love Vintage 61
Lupara 71
Magische Plätze 29
Mandarin Oriental Barcelona 97
Mango Outlet 63
Manolo Bar 72
Maoz 51
Mariscal, Xavier 67
Market Hotel 86
Märkte 58
Maumau Underground 80
Mendizábal 51
Mesón David 46
Metro 9
Miniaturbahn 101
Mirador del Migdia 29
Miramar 97
Miró, Jean 22
Mitmachen 35
MNAC 12
Mode 62
Modellbahn 101
Montjuic 10, 12
Montse Bodega 40
Moo 52
Museen 21
Museu d'Història 103
Museu Olímpic 103
Música Catalana 12
Musik 24, 65
Musik im Park 25
Muy Mucho 56
Nachtbus 9
Nationalmuseum für Katalanische Kunst 12
NAT – Museu de Ciencies Naturals (Museu Blau) 100, 103
Naturschutzpark 28, 101
Nevermind 72
Nou Barris 15, 20
Off-Kultur 16
Ofis/Sifo 47
Olimpic 73

Online-Reservierungen 42
Online-Tipps 16, 34, 72, 102
Online-Zeitschrift 16
Opernhaus 13
Orangenhof, s. Palau de la Generalitat
Oviso 47
Oysho 64
Palau Baró de Quadras 23
Palau de la Generalitat 4, 25
Palau de la Música Catalana 12
Palau Robert 23
Palau Virreina 19
Palo Alto Market 67
Parc Central 15
Parc de la Ciutadella 25, 28, 101
Parc del Laberint 29
Parc de l'Oreneta 101
Parc Güell 13, 30
Parkanlagen 12
Park Güell 11, 30
Pars Teatro Hostel 91
Passeig de Gràcia 13
Peña, Rafael 52
Pensionen 89
Petra 48
Picasso-Museum 13, 23
Picasso, Pablo 13, 22
Picnic de Blues 15
Pinar Miró 56
Plaça Catalunya 11, 17
Plaça de la Seu 31, 35
Plaça de la Vila 17
Plaça del Rei 12, 31
Plaça Reial 11, 13
Plaça Sant Josep Oriol 84
Poble Nou 68
Poble Nou Open Day/Night 17
Poble Sec 68
Praktik Bakery 86
Puig i Cadafalch, Josep 13, 22, 23
Quimet Bar Bodega 73
Radfahren 27
Rambla 11, 13
Rambla del Mar 11
Rasoterra 48
Raval 17, 68
Reparat millor que nou 57
Re-Read 65
Resolis 73
Restaurants 41
Rice 53
Rollerbladetouren 32
Romesco 48
Römische Ruinen 12, 22
Rosa del Raval 74
Sabores de Portugal 48
Sagrada Familia 13
Sala Apolo 81
Sala Monasterio 81
Sandwiches 50
Santa Fé 49

Sant Jordi Hostels 92
Sant Martí 34
Sardanas 35
Schnabel, Julian 21
Schuhe 62
Secondhand 58
Seilbahnen 10
Selbstverpflegung 58
Sightseeing 31
Skater 72
Skunkfunk 64
Sleep Green – Eco Youth Hostel 93
Spaß 101
Spielothek 101
Sport 27
Sportmuseum 103
Stadtfeste 102
Stadtgeschichtliches Museum, s. Museu d'Història
St. Christopher's Inn Barcelona 93
Strand 13
Swingtanzen 35
Tai Chi 28
Taller de Músics 75
Tanzen 4, 35
Tapas 37
Tàpies, Antoni 22
Tasqueta del Blai 41
Tauschmärkte 62
Taverna Can Margarit 49
Taxi 10
Teleferic de Montjuic 10
Teleferico de Barcelona 10
The Box 51
The Outlet Born 67
Ticket Rambles 19
Tischtennisplatten 101
Tourentipps 34
Travel Bar 41
Trödelladen 61
Turó de la Rovira 29
Two Market 5, 62
Umbracle 101
Veggie Garden 50
Verkehrsnetz 9
Vintage 61
Viusa, Roger 52
Vorortbahn 10
Wachturm 31
Xampanyet 74
Xcentric 19
Yoga bindu 28
Zabriskie Studio 57
Zara 65
Zentrum für Zeitgenössische Kultur s. Centre de Cultura Contemporània

IMPRESSUM

SCHREIBEN SIE UNS!

> *Liebe Leserin, lieber Leser,*

wir setzen alles daran, Ihnen möglichst aktuelle Informationen mit auf die Reise zu geben. Dennoch schleichen sich manchmal Fehler ein – trotz gründlicher Recherche unserer Autoren/innen. Sie haben sicherlich Verständnis, dass der Verlag dafür keine Haftung übernehmen kann.

Wir freuen uns aber, wenn Sie uns schreiben.

Senden Sie Ihre Post an die
MARCO POLO Redaktion
MAIRDUMONT, Postfach 31 51
73751 Ostfildern
info@marcopolo.de

IMPRESSUM

Fotos: B. Göttlicher (38, 49, 53, 59, 60, 70, 76, 80); huber-images: L. Vaccarella (8); Schapowalow/Mato (18, 24, 85, 100, 138); R. Schultheiss (30, 33, 44, 88, 96); C. Suárez (1)

4., aktualisierte Auflage 2019
© MAIRDUMONT GmbH & Co. KG, Ostfildern
Gesamtredaktionelle Betreuung: derschönstesatz (Ronit Jariv), Köln
Lektorat und Satz: Silvia Engel
Autorinnen: Julia Macher, Dorothea Maßmann
Kartografie Cityatlas: © MAIRDUMONT, Ostfildern
Gestaltung Cover: Michael Schipke, MAIRDUMONT
Innengestaltung: Katharina Kracker

Das Werk einschließlich aller seiner Teile ist urheberrechtlich geschützt. Jede urheberrechtsrelevante Verwertung ist ohne Zustimmung des Verlages unzulässig und strafbar. Das gilt insbesondere für Vervielfältigungen, Übersetzungen, Nachahmungen, Mikroverfilmungen und die Einspeicherung und Verarbeitung in elektronischen Systemen.
Printed in Italy.

MIX
Paper from
responsible sources
FSC® C015829

Bild: An der Plaça Reial, Gotisches Viertel

48 h

> Ein Wochenende Spaß haben und dabei jede Menge sparen: Wir haben zwei tolle Tage mit Angeboten aus diesem Band für Sie geplant – und den sonst üblichen Preisen gegenübergestellt

SA Beginnen Sie mit einer kostenlosen Führung durch das **Gotische Viertel**, Treffpunkt 11 Uhr, z. B. vor der Kathedrale *(S. 31)*. Vorher besorgen Sie sich am besten eine **Zehnerkarte** für Metro und Bus *(S. 9)*. Nach der Walking Tour bietet sich ein Glas Cava in der urigen Taverne **Can Paixano** *(S. 39)* zur Erfrischung an, bevor Sie über die Hafenpromenade schlendern. Wenn der Magen knurrt, lockt ein Abstecher ins Restaurant **Can Maño** *(S. 41)*. Am Nachmittag flanieren Sie über die Rambla und werfen einen Blick auf die aktuelle Ausstellung in **La Virreina** *(S. 23)*. Anschließend geht es per Metrolinie 3 bis Plaça Espanya zum Besuch der zeitgenössischen Kunstsammlung im **Caixaforum** *(S. 21)*. Und abends erwarten Sie gratis die mit Musik unterlegten Wasser- und Lichtspiele der **Font Màgica** *(S. 29)*. Hungrig? Im **La Fonda** *(S. 45)* speist man gut und günstig, bevor der Abend dann im **Rosa del Raval** *(S. 74)* bei einem Mojito Fahrt aufnimmt. Ein Livekonzert im **Robadors 23** *(S. 77)* lässt den Tag unvergesslich werden. Schließlich finden Sie Ihre wohlverdiente Ruhe im Hostel **Garden House** *(S. 89)*.

SO Den Vormittag verbringt man wunderbar im Park Güell *(S. 30)*, mit Blick über Antoni Gaudís Fantasiebauten. Anschließend schlendern Sie über Barcelonas Nobelboulevard **Passeig de Gràcia**, vorbei an einigen der berühmtesten Jugendstilbauten *(S. 13)*. Steuern Sie vor 15 Uhr **La Cuina de la Mamma** *(S. 50)* für argentinisch-italienisches Fusion Food an. Nach 15 Uhr besuchen Sie kostenfrei das **Picasso-Museum**, das in fünf mittelalterlichen Palästen untergebracht ist *(S. 23)*. Ein paar Meter weiter wartet die Kathedrale **Santa María del Mar** *(S. 31)*, für viele die schönste Kirche der Stadt. Eine gute Location fürs späte Essen: das populäre **L'Avia** *(S. 45)*, eines der wenigen Restaurants, die sonntagabends öffnen.

LOW BUDGET
WEEKEND

	LOW BUDGET		REGULÄR

SA

Low Budget		Regulär	
Zehnerkarte T 10 der TMB	10,20€	7 Einzeltickets der TMB	15,40€
Kostenlose Walking Tour durchs Gotische Viertel	🐷	Reguläre Stadtführung...........	12,15€
Glas Cava im Restaurant Can Paixano	1,30€	Glas Cava in einer Bar an der Rambla.......................	4,50€
Fischgericht im Can Maño	8,00€	Fischgericht regulär	25,00€
Ausstellung im La Virreina......	🐷	Centre de Cultura Contemporània de Barcelona (CCCB)	6,00€
Ausstellung im Caixaforum	4,00€	Nationalmuseum für Katalanische Kunst (MNAC)	12,00€
Font Màgica	🐷		
Abendessen im La Fonda	20,00€	Klassisches Konzert Reial Cercle Artístic de Barcelona.....	12,00€
Mojito im Rosa del Raval	3,90€	Abendessen regulär	35,00€
Livemusik im Robadors 23	4,00€	Mojito in einer Szenebar........	9,00€
Übernachtung im Hostel Garden House	30,00€	Eintritt DJ-Session Szeneclub ...	15,00€
		Übernachtung im Drei-Sterne-Hotel..................	110,00€

SO

Low Budget		Regulär	
Park Güell, ohne Monumentalbereich	🐷	Park Güell, mit Monumentalbereich	8,50€
Pizza und Getränk im La Cuina de la Mamma	10,00€	Pizza regulär	12,00€
Picasso-Museum So ab 15 Uhr	🐷	Picasso-Museum regulär	12,00€
Paella im L'Avia...................	6,00€	Paella regulär	16,00€

| GESAMT .... | 97,40€ | GESAMT .... | 304,55€ |

> GESPART   207,15€

48 h 👑

> Zwei Tage Luxus genießen und trotzdem nicht zu viel bezahlen: Wir haben Tipps für ein Verwöhnwochenende aus Angeboten in diesem Band zusammengestellt und mit üblichen Preisen verglichen

SA Besorgen Sie sich online die **Barcelona Card** für 3 Tage *(S. 10)*. Zum Auftakt besuchen Sie die **Kathedrale** und die **Plaça del Rei** *(S. 31)*, die Herzstücke des Gotischen Viertels. Steigen Sie im **Historischen Museum (MUHBA)** hinab in die römischen Anfänge Barcelonas *(S. 12)*. Vor dem Essen lockt eine **Hafenrundfahrt** auf den Golondrinas *(S. 99)*. Frische Luft regt bekanntlich den Appetit an: Im Gourmetrestaurant **Moo** genießen Sie ein köstliches Vier-Gänge-Menü mit Michelin-Stern *(S. 52)*. Dann erwartet Sie Antoni Gaudís berühmtestes Wohnhaus, die **Pedrera** – Sie besichtigen eine von Gaudí gestaltete Wohnung *(S. 13)*. Im **Outlet Born** gibt's anschließend sicher ein tolles Schnäppchen *(S. 67)*. Auf halbem Weg zu Ihrem Luxushotel **Miramar** *(S. 97)* liegt das Nationalmuseum für Katalanische Kunst, **MNAC**, mit einer der bedeutendsten romanischen Freskensammlungen weltweit *(S. 12)*. Relaxen Sie im Spa Ihres Hotels, damit Sie fit sind für das Abendmenü im **Loidi** *(S. 52)*. Im **Jamboree** *(S. 75)* kommen Sie dann noch mal richtig in Schwung.

SO Nach dem ausgiebigen Hotelfrühstück mit Panoramablick gehen Sie ein paar Schritte durchs Grüne auf dem Montjuïc bis zum wunderschönen **Botanischen Garten** *(S. 99)*. Den Rest des Vormittags verbringen Sie in der auch architektonisch sehr eindrucksvollen **Fundación Joan Miró**, der umfassendsten Sammlung mit Werken des katalanischen Künstlers *(S. 12)*. Im **Mesón David** essen Sie gut und günstig *(S. 46)*. Den Nachmittag verbringen Sie im **Zentrum für Zeitgenössische Kultur CCCB**, wo Sie sich die verschiedenen Ausstellungen anschauen und das Ambiente im Patio auf sich wirken lassen *(S. 20)*. Zum Ausklang gibt's noch einen letzten Abschiedsschlenker über die nahe gelegenen Rambles.

	LOW BUDGET		**REGULÄR**
SA			
Barcelona Card (BC) für 3 Tage (online)	49,00€	9 Einzeltickets	19,80€
Kathedrale vor 12.30 Uhr	🐷	Kathedrale Visita Turística	7,00€
Historisches Museum (BC)	🐷	Historisches Museum normal	7,00€
Hafenrundfahrt Golondrinas (BC)	3,70€	Golondrinas normal	7,70€
Mittagsmenü im Moo	49,00€	Essen im Moo à la carte	120,00€
Eintritt La Pedrera (BC)	17,40€	Eintritt La Pedrera normal	22,00€
Kleid im Outlet Born	65,00€	Kleid Custo normal	150,00€
Eintritt Nationalmuseum für Katalanische Kunst (BC)	🐷	Eintritt Nationalmuseum für Katalanische Kunst normal	12,00€
Hotel Miramar (Online-Buchung, min. 2 Nächte, Nov./April)	169,05€	Hotel Miramar normal	199,00€
Miramar-Spa im Preis	🐷	Spa (z. B. Urban Spa)	39,00€
Abendmenü im Loidi	31,00€	Abendessen im Loidi à la carte	90,00€
Eintritt Jamboree (mit Flyer oder Facebook-Discount)	5,00€	Eintritt Jamboree regulär	10,00€
SO			
Hotelfrühstück im Preis	🐷	Hotelfrühstück normal	35,20€
Botanischer Garten (BC)	🐷	Botanischer Garten normal	3,50€
Eintritt Miró-Stiftung (BC)	🐷	Eintritt Miró-Stiftung normal	12,00€
Schweinshaxe im Mesón David	10,00€	Schweinshaxe regulär	20,00€
Eintritt CCCB So ab 15 Uhr	🐷	Eintritt CCCB normal	6,00€
GESAMT	**399,15€**	**GESAMT**	**760,20€**

> GESPART 361,05€

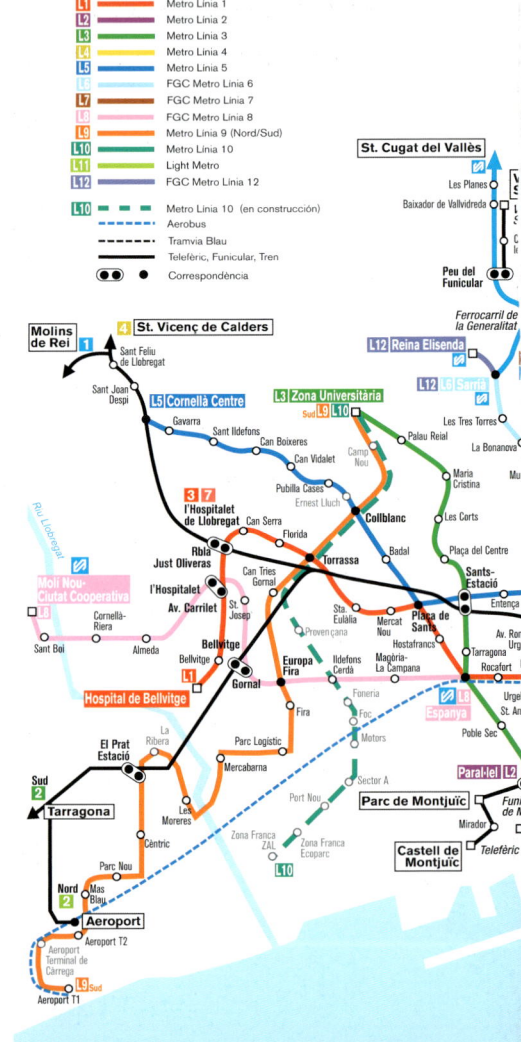